AF367932

## COUR IMPÉRIALE DE CAEN.

# MÉMOIRE

POUR

M. Marie-Ferdinand HIBON, comte de FROHEN,

Et M^me Marie-Ghislaine-Yolande de BRANCAS,

son épouse, héritière bénéficiaire

de M. le duc de BRANCAS et de LAURAGUAIS, son père,

Appelants;

CONTRE

Les communes de *DEAUVILLE* et de *TOURGÉVILLE* (canton et arrondissement de Pont-l'Évêque),

Intimées;

EN CAUSE :

M^me veuve de SCHOËN, née de BRANCAS.

—————

**CAEN,**

IMPRIMERIE ADMINISTRATIVE ET COMMERCIALE B. DE LAPORTE ET C^e.
Rue Saint-Étienne, 120.

**1855**

COUR IMPÉRIALE
de
CAEN.

1<sup>re</sup> Chambre.

M. Souëf,
*Premier président.*

M. Dupont-Longrais,
*président.*

M. Mabire,
1<sup>er</sup> *avocat-général.*

# MÉMOIRE

## ET

## GRIEFS

POUR

M. MARIE-FERDINAND HIBON, comte DE FROHEN, et M<sup>me</sup> MARIE-GHISLAINE-YOLANDE DE BRANCAS, son épouse, demeurant au château des Tournelles, commune d'Hautefeuille, arrondissement de Coulommiers, ladite dame seule héritière, mais sous bénéfice d'inventaire, de M. LOUIS-MARIE-BUPHILE, DUC DE BRANCAS, son père,

Appelants de jugement rendu par le Tribunal civil de Pont-l'Évêque, le 10 novembre 1853.

M<sup>e</sup> DAVY, avoué.

CONTRE

1° *La commune de DEAUVILLE, représentée par son Maire,* intimée.

M<sup>e</sup> LEVAVASSEUR, avoué.

2° *La commune de TOURGÉVILLE, représentée par son Maire,* intimée.

M<sup>e</sup> MAINIER, avoué.

Madame Renée-Adèle-Candide-Zoé de **BRANCAS**, veuve de M. de Schoën, propriétaire, demeurant à Pont-l'Évêque, appelante.

Mᵉ Th. LECERF, avoué.

« Ne proprietas domino inutilis reddatur. »
*Duval*, *de Rebus dubiis*, traité VII, *in fine*.

## FAITS.

1. En 1786, la famille historique des ducs de Brancas possédait de vastes domaines dans la province de Normandie. Elle avait, entr'autres, reçu par succession, le comté de Madaillan, érigé par lettres-patentes du roi Louis XIV, en 1711, et comprenant le pays fertile qui s'étend sur la rive gauche de la Touques jusqu'à la mer. Ce comté se composait de six fiefs, « *tous voisins et se joignant les uns les autres* » : et le chef-lieu en était assis dans la commune de Tourgéville.

On sait quelle est la nature et l'aspéct de la vallée d'Auge. Elle est partout couverte de prairies aussi anciennes que le sol lui-même, et dont la fertilité se perpétue sans culture par la présence seule des bestiaux qui s'y engraissent. Dans les lieux qui avoisinent les rivières, et surtout leur embouchure, ces prairies sont passagèrement inondées, et reçoivent des habitants le nom de *marais*. Mais il ne faut pas s'y tromper ; à la différence des marais ordinaires, où les eaux stagnantes ne laissent croître que des joncs et des roseaux, ces prés-marais, fertilisés par le dépôt périodique des eaux salines, sont couverts en tout temps d'une herbe fine, qui nourrit les bœufs et les moutons si renommés des vallées de la Dives et de la Touques. — Du domaine de Madaillan dépendaient précisément de . vastes terrains, en nature de prairies, où les hautes marées faisaient parfois refluer les eaux de la Touques, et qui étaient, de temps immémorial, connus sous le nom de *dunes*, *garennes*. *nais* (1) *et marais*. Ces prés-marais, situés sur les communes de Deauville et de Tourgéville, touchent à l'est la rivière de Touques, au nord la mer, à l'ouest d'autres marais possédés aujourd'hui par la commune de Bénerville, au sud ils sont séparés par de larges fossés de propriétés particulières. Ils ne forment qu'un seul ensemble s'étendant sur les deux communes, et contiennent environ 180 hectares sur Deauville et 40 sur Tourgéville.

2. On connaît le mode qu'employaient au moyen-âge les anciens seigneurs propriétaires du sol, en vertu de la conquête ou des concessions féodales, pour attirer et maintenir autour de leur manoir les habitants dispersés par le malheur des temps ou les désastres de la guerre. Ils avaient recours à un système de concessions et de priviléges avantageux pour tout le monde; mais où les seigneurs n'accordaient que ce qui était véritablement nécessaire à l'utilité présente des habitants, en retenant la plus large part de droits compatibles avec les besoins actuels de leurs vassaux. C'est ainsi que, moyennant des redevances, la plupart du temps assez légères, ils établirent un grand nombre de foires et autres lieux de réunion commerciale; c'est ainsi surtout que furent créés les innombrables droits d'usage qui, suivant l'expression énergique d'un vieil auteur, *cizaillaient* partout le sol et le démembraient entre les mains des vrais propriétaires. Tous les besoins légitimes des habitants — qui, en revanche, enrichissaient le seigneur par

______

(1) *Nais*, alluvion, de *nasci*.

la taille, la corvée et le service militaire, — se trouvaient satisfaits par les droits de marronage, de bouchoyage, de chauffage, de pâturage, de panage, de glandée dans les forêts, de pacage dans les prairies, etc. Mais le seigneur, qui consentait quelquefois à céder tous les revenus utiles de la prairie ou de la forêt, n'en retenait pas moins soigneusement la propriété, et des redevances étaient le lien qui rattachait l'usager au propriétaire et le symbole qui éternisait, en la consacrant chaque année, la nature de leurs rapports. Les seigneurs avaient presque partout créé, au profit de leurs vassaux rustiques, des *servitudes* empruntées au droit romain, qui n'avaient rien de féodal et ne ressemblaient pas aux tenures en fief ou en roture, mode de division de la propriété inconnu avant le moyen-âge. Ces servitudes constituent ce qu'on a toujours appelé des *droits d'usage*, lesquels laissaient subsister en leur présence le droit de propriété.

3. A une date qu'on ne peut préciser, mais qui est certainement antérieure au XV° siècle, les seigneurs du Montcanisy, que représentaient, en 1786, les Brancas, avaient *aumôné* aux habitants de Deauville et de Tourgéville des droits de pâture dans les prés-marais dont nous avons parlé, enrichissant ainsi leurs vassaux au lieu d'usurper sur leurs possessions. Ces usages, dont le caractère spécial se révélait tous les ans par des redevances fidèlement acquittées, les communes de Deauville et de Tourgéville en ont paisiblement joui pendant plus de quatre siècles. Leur possession n'a pas changé de nature pendant la révolution ; ils n'ont rien fait depuis 1792 que ce qu'il faisaient depuis le XIII° siècle, c'est-à-dire faire paître leurs moutons sur les prairies présentement litigieuses. Seulement, on le conçoit, la redevance a cessé d'être acquittée. Aujourd'hui les derniers représentants de la famille de Brancas, madame la comtesse de Frohen et madame de Schoën, revendiquent la propriété immémoriale de leur famille, qu'ils n'ont jamais aliénée, et qui forme le dernier débris de leur ancien patrimoine de Nor-

mandie ; et les communes, infidèles au titre primitif de leur possession, se prétendent propriétaires absolues des terres réclamées. Le
Tribunal de Pont-l'Évêque leur a donné gain de cause; nous espérons
que la Cour daignera venir en aide aux véritables propriétaires,
audacieusement dépossédés.

4. Le comté de Madaillan appartenait en 1786 au comte Antoine-
Buphile de Brancas, qui avait épousé M^lle de Lowendal, fille du
maréchal. Il lui venait par héritage de sa mère, Adélaïde d'O,
duchesse de Lauraguais. A cette époque, le comte Antoine de
Brancas avait des dettes immenses qui compromettaient sa fortune.
Il voulut se liquider et éteindre ces dettes tout d'un coup par un
abandon de ses biens, jusqu'à due concurrence, à ses créanciers.
Ainsi que les lois du temps l'y autorisaient, il s'adressa au Roi,
et, d'accord avec la majorité de ses créanciers, il obtint, par arrêt
du conseil, du 22 septembre 1786, l'évocation au conseil « de
« toutes les demandes et contestations nées et à naître entre le
« comte et la comtesse de Brancas et leurs créanciers, et celles
« qui pourraient naître entre ces derniers, tant pour la vérification,
« la qualité, la date ou hypothèque de leurs contrats que pour
« toute autre cause que ce pût être, même pour la fixation du
« tiers-coutumier, le remplacement de la substitution, ou pour
« tous autres droits que le fils aîné desdits comte et comtesse
« pourrait avoir..... »

Il fut formé à cet effet une cour souveraine, ayant dans la cause
plénitude de juridiction et d'attribution exclusive, composée du
conseiller d'État Lenoir et des maîtres des requêtes Brochet de
Saint-Prest, Courtois de Minut, de Montaran et Albert.

Chacune des obligations était produite et soumise aux commissaires délégués.

Les créanciers dont les titres avaient été vérifiés furent collo-
qués, et reçurent en payement des terres et autres biens dont la
valeur avait été déterminée d'avance.

L'acceptation de leur part était forcée ; en effet, l'arrêt de la
commission, du 7 août 1787, après avoir posé l'obligation pour le
comte Antoine de Brancas de passer contrat de vente à chacun
des créanciers pour la portion des biens désignés, dispose que :

« Faute de ce faire, dans ledit délai et icelui passé, pourront,
« lesdits créanciers, en vertu du présent jugement et sans qu'il
« en soit besoin d'autre, se mettre en possession de la portion des
« biens qui leur est assignée par ledit état, pour en jouir et dispo-
« ser incommutablement comme de choses à eux appartenant.

« Et faute par lesdits créanciers d'accepter ledit contrat *transla-
« tif de propriété*, dans le même délai de quinzaine à compter du
« jour de la susdite signification à eux faite par lesdits sieur comte
« et comtesse de Brancas, ou de prendre possession dans ledit délai,
« comme dit est ci-dessus, ordonnons que lesdits biens seront régis
« et administrés par le séquestre, à leurs risques, périls et fortunes,
« et que lesdits sieur comte et comtesse de Brancas seront et demeu-
« reront pleinement déchargés envers eux. En conséquence, faisons
« auxdits sieur comte et comtesse de Brancas main levée de toutes
« oppositions faites ou à faire au bureau des hypothèques et partout
« ailleurs, lesquelles seront rayées de tous registres ; ordonnons
« que, sans s'arrêter auxdites oppositions, notre présent jugement
« sera exécuté, dépens compensés. »

5. Parmi les créanciers figuraient les enfants du comte Antoine
de Brancas qui se présentaient à un double titre, d'abord pour
180,000 fr., valeur d'une substitution faite à leur profit par madame de Madaillan de Lassay, ensuite pour 991,969 fr., montant
de leur tiers-coutumier.

Parmi ces créanciers se trouvait également le duc de Céreste-
Brancas, pour une somme de 415,600 fr. A l'effet de le remplir
de cette créance, un arrêt de la Cour souveraine ordonna, le 7
août 1787, qu'il serait tenu de recevoir des biens estimés à une
égale valeur. En conséquence, le 20 septembre 1787, il reçut en

payement le château de Montcanisy et divers autres immeubles,
« plus *la garenne aux lapins* avec une pièce de terre en herbe,
« nommée le Petit-Hommet et sur laquelle est construite la mai-
« son du garennier, contenant 2 vergées ou environ, et une autre
« pièce de terre aussi en herbe, nommée la Mare-Pelée, conte-
« nant 3 acres 15 perches ou environ ; *le tout situé paroisse de*
« *Tourgéville*, dépendant de la terre de Montcanisy, *bornée*
« d'un côté, vers le nord, *la garenne* et par enhachement sur
« une ligne oblique, le seigneur (M. Antoine de Brancas), à cause
« d'une pièce dépendant de la grande ferme de Deauville ; d'autre
« part, ledit seigneur, à cause de la pièce du Grand-Hommet ;
« d'un bout, vers le levant, *ladite garenne*, et d'autre bout le sei-
« gneur à cause de ladite pièce de la grande ferme de Deauville,
« et une ligne descendant sur ladite ligne oblique, ledit seigneur à
« cause de la pièce de la grande commune de Montcanisy. »

6. Les enfants du comte de Brancas reçurent également divers
terres et biens dépendant du comté de Madaillan, pour leur tenir
lieu de la substitution de la marquise de Lassay et de leur tiers-
coutumier.

L'arrêt du 7 août 1787 s'exprime ainsi à cet égard :

« Faisant droit sur les conclusions du procureur général, or-
« donnons que l'état particulier contenant les biens abandonnés
« par lesdits sieur et dame comte et comtesse de Brancas, pour
« remplir leurs enfants tant de la substitution établie à leur profit
« par la feue dame marquise de Lassay, que du tiers-coutumier
« appartenant auxdits enfants, suivant la Coutume de Normandie,
« sera exécuté.....

« ... Comme aussi ordonnons que le reste des biens compris
« dans ledit état, tous situés dans ladite province de Normandie,
« évalués 991,969 liv. 18 s. 10 d., sera et demeurera auxdits
« enfants desdits sieur comte et comtesse de Brancas, pour le
« tiers-coutumier à eux appartenant... et sera ledit état parti-

« culier, contenant les biens abandonnés tant pour ladite subs-
« titution que pour le tiers-coutumier, déposé au greffe de notre
« Commission et annexé à notre présent jugement..... »

Voici maintenant l'extrait de cet état, en ce qui concerne la question du procès :

« État des terres et biens abandonnés aux enfants de M. le
« comte de Brancas, pour le remploi de la somme de 1,171,969 liv.
« 18 s. 10 d., savoir : 991,969 liv. 18 s. 10 d. pour le montant
« du tiers-coutumier ; 180,000 liv. pour le montant de la substi-
« tution...

« Savoir :

« Terre de Montcanisy :

| | |
|---|---:|
| « Dans la terre de Montcanisy............ | 117,612 liv. |
| « Dans la ferme de Bénerville............ | 5,800 |
| « Dans la grande ferme de Deauville...... | 3,160 |
| « Dans la ferme de Bénerville............ | 1,280 |
| « **Le marais estimé**.................... | **40,000** liv. » |

On voit de quelle manière le *marais* dépendant du domaine de Montcanisy, dans le comté de Madaillan, lequel fait aujourd'hui l'objet du procès, est arrivé entre les mains des enfants du comte Antoine de Brancas, c'est-à-dire le duc Buphile de Brancas, la marquise de Sinety, madame de Schoën et le comte Woldemar de Brancas. Ces enfants sont représentés aujourd'hui par madame la comtesse de Frohen, fille unique du duc Buphile, et par madame de Schoën, sa sœur.

Nous reviendrons sur le caractère juridique de l'acte qui transmit la propriété des *Prés-Marais* aux enfants du comte de Brancas ; qu'il nous suffise de faire observer ici que ces enfants n'ont point reçu ces prés comme successeurs à titre universel de leur père, mais en vertu d'un jugement, *ex causa necessaria*, et de la même manière que si un décret forcé leur eût adjugé ces biens,

puisque, de même qu'à la suite du décret forcé, ils les rece-
vaient purgés de tous priviléges et hypothèques.

En effet, l'arrêt du 7 août 1787 se termine par ces mots :
« En conséquence, faisons auxdits sieur comte et dame comtesse
« de Brancas main-levée de toutes oppositions faites ou à faire
« au bureau des hypothèques, et partout ailleurs, lesquelles seront
« rayées de tous les registres.... »

7. M. le duc de Brancas-Céreste, par acte du 24 juillet 1786,
avait fait donation en nue-propriété de la créance de 415,600 liv.
en faveur du fils aîné du comte de Brancas, depuis duc Buphile de Brancas et père de madame de Frohen, en sorte que la
dation en paiement du 7 août 1787 s'accomplit par la nue-propriété en faveur de M. Buphile de Brancas, et pour l'usufruit
seulement en faveur du duc de Brancas-Céreste.

Il est à remarquer que dans le contrat passé au duc de Céreste,
le comte Antoine de Brancas, vendeur forcé, fit *les réserves les
plus expresses*, et posa, comme condition sans laquelle la vente
n'aurait pas eu lieu, la défense d'envoyer paître les bestiaux et
chevaux dans les *communes*, et notamment « *dans les marais et dunes*
dépendant de Deauville, de Bénerville, de Tourgéville, de Saint-
Arnould, sans que, *dans aucun cas et sous quelque prétexte que
ce puisse être*, l'acquéreur, ses héritiers *ou ayant cause, puissent
prétendre user du droit de pacage dans lesdites communes, marais
et dunes.* » La même réserve fut établie dans les autres contrats
de vente qui ont été passés avec les divers créanciers. Le duc de
Céreste, ni aucun des autres acquéreurs, ne pouvait envoyer paître
les bestiaux et chevaux dans les marais et les dunes, et, dans
aucun cas et sous quelque prétexte que ce pût être, prétendre *user
du droit de pacage.*

Cette réserve, qui leur interdisait l'usage du droit de pacage,
devait être exprimée à leur égard, car ils eussent pu, comme
membres des paroisses usagères de Deauville, de Bénerville, de

Tourgéville et de Saint-Arnould, envoyer les bestiaux à la pâture.

8. Le duc Buphile de Brancas vendit, le 28 août 1824, par acte passé devant M⁰ Labbey, notaire à Dozulé, le château de Montcanisy, les fermes de la Bruyère et de la Garenne et un bois taillis, le tout comprenant une superficie de 79 hectares 48 ares, PLUS UNE GARENNE AUX LAPINS, déclarée en non-valeur, de la contenance de 171 hectares environ, mais dont le vendeur ne garantissait ni l'étendue, ni même l'existence. Toute la propriété était abandonnée pour 85,000 francs, prix évidemment inférieur à la valeur des biens aliénés, et dans les conditions d'un réméré presque impossible à réaliser.

Le duc Buphile de Brancas n'exerça pas l'action en réméré.

Le 8 février 1831, M. Auger, sept ans après son acquisition, assigna, devant le Tribunal de Pont-l'Evêque, les communes de Deauville et de Tourgéville, en délaissement de 171 hectares de terrain représentant, d'après lui, *la garenne aux lapins*.

Sans tenir compte de l'établissement de la propriété, sans tenir compte du contrat du 20 septembre 1787, dont l'acte du 28 août 1824 n'était que la conséquence, M. Auger, sous le prétexte d'obtenir 171 hectares de terrain qui ne lui étaient pas garantis, revendiquait les marais dont la propriété avait été transportée, dès le 7 août 1787, aux enfants de M. Antoine de Brancas et dont la jouissance, à titre d'usages, fut concédée aux habitants de Deauville et de Tourgéville par les anciens seigneurs de Montcanisy.

9. Pour l'intelligence des faits de la cause, nous rappellerons tous les actes qui se succédèrent.

Les communes n'ayant pas constitué d'avoué, le 12 *février 1833,* un jugement par défaut intervint contre elles.

Les 18 *juillet* et 9 *août* 1833, des oppositions furent formées par les communes.

Le 27 *juillet* 1837, Conclusions signifiées par Tourgéville.

Le 25 *novembre* 1837, après le décès de M. Auger, ses héritiers reprirent l'instance et signifièrent des Conclusions.

Le 6 *mars* 1838, Conclusions additionnelles de Tourgéville.

Le 13 *mars* 1838, Conclusions de Deauville.

Le 20 *mars* 1838, les héritiers Auger abandonnant leur première demande *de* 171 *hectares*, ne revendiquent plus *que* 77 *hectares* et présentent un plan qu'ils avaient fait établir par le géomètre Letellier.

Le 2 *avril* 1838, Conclusions signifiées par les héritiers Auger.

Les héritiers Auger, le 11 *mars* 1840, signifient à M. le duc de Brancas *une demande en garantie.*

Le 8 *février* 1842, Mémoire ·de Tourgéville sous ʼforme de Conclusions.

Le 31 *août* 1843, madame veuve Schoën, sœur de M. le duc Buphile de Brancas, signifie une requête d'*intervention.*

Le 29 *avril* 1844, Mémoire de la commune de Deauville.

Le 25 *mars* 1845, madame de Schoën signifie un Mémoire à l'appui de son intervention.

Le 2 *juin* 1847, nouvel Écrit de Tourgéville.

Les 10 *décembre* 1847 et 26 *janvier* 1849, réponse de madame de Schoën.

*L'intervention de madame de Schoën est déclarée recevable*, par jugement du Tribunal, du 12 février 1852, *contrairement à la prétention des communes.*

Le 17 *juillet* 1852, après le décès de M. le duc de Brancas, *reprise d'instance par M. et M^me de Frohen.*

Le 5 *janvier* 1853, les héritiers Auger, dans un nouveau Mémoire, ne se contentent plus de revendiquer 77 *hectares*, et, abandonnant ce chiffre comme précédemment ils avaient abandonné celui de 171 hectares, ils demandent 107 *hectares* 42 *ares* 45 *centiares.*

Le 10 novembre 1853, le Tribunal de Pont-l'Evêque a rendu

un jugement qui dit à bonne cause l'intervention de madame de Schoën et de madame de Frohen, et à tort la demande des héritiers Auger; mais en même temps il a décidé, entre les représentants de Brancas et les communes défenderesses, que celles-ci avaient toujours été propriétaires des *prés-marais* en litige, et dès lors a écarté la revendication et la demande en cantonnement de madame la comtesse de Frohen et de madame de Schoën.

Voici le texte de ce long et étrange jugement, rendu contrairement aux conclusions de M. le Procureur impérial.

## QUESTIONS.

10. « Doit-on recevoir les communes de Deauville et de Tourgéville opposantes au jugement du 12 février 1833, et remettre les parties au même et semblable état qu'avant le jugement?

« Doit-on accorder acte aux héritiers Auger de ce qu'ils modifient leur première demande, conformément à leur Ecrit du 5 janvier 1853, et en statuant sur cette demande rectifiée, doit-on, sans avoir égard aux moyens et exceptions des communes de Deauville et Tourgéville, non plus qu'à l'intervention de madame de Schoën, en tant que cette intervention s'appliquerait au terrain désigné dans ladite signification et leurs conclusions devant transcrites, dire à tort l'opposition desdites communes au jugement par défaut du 12 janvier 1833, en tant qu'il déclare les héritiers Auger propriétaires de ladite pièce de terre, et ce, avec la contenance et les limites indiquées auxdites conclusions ?

« Doit-on dire et juger, au cas de la résolution affirmative de la question ci-dessus, que les communes n'ont aucun droit, soit de propriété, soit d'usage, sur le terrain revendiqué par les héritiers Auger, et en conséquence que le jugement opposé sortira son plein et entier effet ?

« Ne doit-on pas, au contraire, en accordant acte aux communes

de Deauville et Tourgéville, de ce qu'elles méconnaissent positivement qu'avant 1792, M. de Brancas fût en possession de l'immeuble revendiqué par les héritiers Auger ; en conséquence, sans
avoir égard, aux moyens et exceptions desdits héritiers, déclarer
leur action principale, purement et simplement non-recevable, et
dans tous les cas mal fondée ?

« Doit-on, pour le cas où il serait décidé que les héritiers Auger
sont propriétaires du terrain par eux réclamé et que les communes
ont des droits d'usage sur ce terrain, renvoyer instruire sur leur
étendue et le réglement de leur exercice ?

« Pour le cas où il serait décidé, soit que les héritiers Auger
n'ont aucun droit à la propriété du terrain revendiqué, soit que
les communes de Deauville et de Tourgéville ont des droits d'usage
sur ledit terrain, doit-on condamner la succession de M. de Brancas à indemniser les héritiers Auger, et à l'effet de quoi nommer
des experts qui seraient chargés d'évaluer l'indemnité qui leur serait due dans l'un et l'autre cas ?

« Doit-on aussi, audit cas, accorder aux héritiers Auger recours
et récompense contre la succession de Brancas de toutes les con-
damnations qui pourraient intervenir contre eux au profit de madame de Schoën ?

« Ne doit-on pas, au contraire, déclarer les héritiers Auger
mal fondés dans l'approchement en garantie dirigé contre M. le
duc de Brancas ?

« Doit-on également, sans avoir égard aux délimitations par
eux données au terrain qu'ils revendiquent, déclarer leur action
autant non recevable que mal fondée ?

« Doit-on, en statuant au fond sur l'intervention de madame
de Schoën, décider que les héritiers Auger n'ont droit qu'à être
maintenus dans la propriété et possession des pièces de terre à
eux vendues dans le contrat de 1824 et conformément aux énonciations d'un acte du 20 septembre 1787 , contenant dation en

paiements à M. de Brancas-Céreste de la ferme dite Garenne, et désignée pour les héritiers Auger sous le nom de la ferme de la Petite-Garenne, le tout situé sur Tourgéville ; en conséquence, dire et juger que madame de Schoën, en sa qualité d'héritière de M. et M^me de Brancas, ses père et mère ; de M. Woldemar de Brancas, son frère, et de madame de Sinéty, sa sœur, est propriétaire, sauf les droits de madame de Frohen, héritière de M. le duc de Brancas, son père, des dunes et marais de Deauville et Tourgéville dans leur entier et abornements énoncés en ses conclusions devant transcrites, et en conséquence renvoyer ladite dame en propriété et possession desdits biens, sauf discussion sur l'étendue des droits d'usage que les communes de Deauville et Tourgéville pourraient réclamer ?

« Doit-on condamner les communes de Deauville et Tourgéville au paiement des fruits envers madame de Schoën à partir de son intervention ?

« Doit-on recevoir M. et M^me de Frohen incidemment demandeurs, et doit-on aussi, en leur accordant acte de ce qu'ils reconnaissent qu'un droit d'usage appartient aux communes de Deauville et Tourgéville, les déclarer seuls propriétaires avec madame de Schoën, de l'immeuble désigné dans leurs conclusions devant transcrites et les renvoyer en possession dudit terrain avec répétition de fruits ?

« Ne doit-on pas au contraire déclarer non-recevables madame de Schoën, partie intervenante, et les époux de Frohen, aux qualités qu'ils agissent, approchés par les héritiers Auger, en tant qu'ils demandent à être déclarés propriétaires de garennes, dunes et marais de Tourgéville et de Deauville, et que leurs demandes sont plus étendues que la demande des héritiers Auger ?

« Ne doit-on pas, pour le cas où cette fin de non recevoir serait rejetée en accordant acte : 1° à la commune de Deauville de ce qu'elle déclare opposer l'exception de prescription ; 2° aux communes de Dauville et de Tourgéville de ce qu'elles méconnaissent que les revendiquants aient eu, avant 1792, la possession des terrains réclamés, dire à tort comme préscrite et mal fondée la prétention de madame de Schoën et des époux de Frohen, d'être propriétaires desdits garennes, dunes et marais, et de réduire la commune à de simples droits d'usage ?

« Ne doit-on pas avant de statuer sur les demandes formées par les héritiers Auger contre la succession de Brancas, ordonner la visite des lieux soit par un membre du tribunal, soit par experts, pour faire l'application à la prétendue garenne de l'acte de 1787 ?

« Que statuer sur les dépens ?

« LE TRIBUNAL, ouï M. de Vauquelin, président, nommé juge-rapporteur, en son rapport aux audiences publiques des 22 juillet et 12 août dernier ; ouï aussi le procureur impérial en ses conclusions à l'audience, les 19 et 23 août aussi dernier ;

« Vu les différentes pièces respectivement produites par les parties, dont le dépôt au greffe a été constaté conformément à la loi, sur le registre à ce destiné, desquelles pièces lecture a été faite par le rapporteur , ainsi que des Ecrits et Conclusions des parties.

« Sur l'action principale des héritiers Auger, en revendication des terrains mentionnés en leur demande : —Considérant que cette revendication s'appuie sur la clause du contrat de vente par le feu duc Buphile de Brancas au père desdits héritiers Auger, par le contrat du 28 août 1824, portant dans la désignation des objets compris dans la vente.... « 5° *La garenne aux lapins*, main-« tenant en non valeur mais contenant environ 171 hectares « d'étendue superficielle, située commune de Tourgéville. » — Que cette revendication, précisée et déterminée dans les conclusions et demande incidente signifiées au procès par lesdits Auger héritiers, le 22 janvier 1853, s'étend, dans les abornements y exprimés, sur toute l'étendue des dunes de sable bordant le rivage de la mer, à partir de la limite en ce point de la commune de Bénerville jusqu'à l'embouchure de la rivière de Touques, terrain qui, d'après eux, aurait composé ce qui était connu sous la dénomination de *Garenne aux lapins* dans les mains de son vendeur et des auteurs de celui-ci ;

« Attendu que les approchés (la comtesse de Frohen et son mari) et l'intervenante (ladite veuve de Schoën) contestent, à leur point de vue, l'assiette attribuée par lesdits héritiers Auger *à la garenne*, objet de leur revendication, ils soutiennent, lesdits intervenants, que les demandeurs ont donné à leur demande une extension que réprouvent les termes mêmes des contrats du 28 août 1824, sur les dispositions duquel ils se fondent ; en effet, disent les intervenants, ce contrat porte textuellement que : « Tous les biens « vendus appartiennent au sieur de Brancas, vendeur, de son chef, « comme faisant partie des biens qui lui ont été vendus, pour la « nue-propriété par ses père et mère, suivant contrat devant Al- « leaume, notaire à Paris, du 20 septembre 1787. » —Or, ajoutent-ils, ce dernier contrat détermine, par des désignations précises, les objets qui furent vendus par ce dernier contrat, pour la nue-propriété, au duc Buphile, sous le nom de *Garenne aux Lapins ;* c'est, dit le contrat, une pièce connue sous ce nom, avec une autre pièce en herbe, nommée le *Petit-Hommet*, sur laquelle est cons-truite la maison du *garennier*, contenant 2 vergées ou environ, et une autre pièce aussi en herbe, nommée la *Mare-Pelée*, contenant 3 acres 15 perches ou environ ; *le tout situé paroisse de Tourgé-ville*, dépendant de la terre du Montcanisy, bornée d'un côté vers le *nord* la *garenne*, et par enhachement sur une ligne oblique vers le nord-ouest le seigneur vendeur, à cause d'une pièce dépendant de la grande ferme de Deauville, d'autre côté ledit seigneur, à cause d'une autre pièce, d'un bout vers le *levant* ladite *garenne*, et d'autre bout le seigneur, à cause d'une autre pièce, etc. ;

« Attendu que des désignations aussi précises que celles qui viennent d'être rapportées, ne laissent aucun doute que l'objet vendu au duc Buphile, par le susdit contrat de 1789, sous le nom de *Garenne aux Lapins*, était renfermé dans les limites qui lui étaient assignées, et sis sur le territoire de la commune de Tourgéville;

« Attendu cependant que les héritiers Auger insistent pour réclamer, en vertu de la clause de leur propre contrat de 1824, par lequel il leur a été vendu un objet dit aussi *la Garenne aux Lapins*, d'une étendue d'environ 171 hectares, toute l'étendue de terrain en dunes de sable et pétillage bordant le rivage de la mer, *n'importe leur situation*, terrains qui, selon eux, étaient en nature *de garenne* à l'époque du contrat de 1787, exploités comme *tels* par les précédents propriétaires, et notamment par les auteurs immédiats du feu duc Buphile de Brancas;

« Attendu que le contrat même des héritiers Auger, l'acte de vente de 1824, paraît s'opposer lui-même à leur prétention; en effet, il porte textuellement que l'objet vendu au père desdits héritiers Auger, demandeurs, sous le nom de *Garenne aux Lapins*, est situé sur la commune de *Tourgéville* : or, la plus grande partie des dunes de sable qu'ils revendiquent par leurs dernières conclusions du 22 janvier dernier, sont situées sur le territoire dépendant de la commune de Deauville; d'un autre côté, ainsi que déjà on l'a fait remarquer, ce même contrat de 1824 porte que : « tous les biens vendus appartiennent au duc de Brancas, vendeur, de son « chef, comme faisant partie des biens à lui vendus par ses père « et mère, suivant contrat devant Alleaume, notaire, du 20 « septembre 1787; »

« Attendu qu'en combinant ces deux clauses du propre contrat des héritiers Auger, du 28 août 1824, il semble en résulter qu'ils auraient compris dans leur demande, telle qu'ils l'ont formulée en dernière analyse, des terrains qui n'auraient pas été vendus à leur père.

« Attendu, en effet, que la clause de leur contrat de vente, qui se réfère à celui du 20 septembre 1787, quant à l'origine, dans les mains du duc de Brancas (Buphile), leur vendeur, des objets par lui vendus, se trouve régie par les dispositions de ce premier acte, quant à la disposition de ces objets eux-mêmes ; or, en fixant attentivement la partie du contrat de 1787, contenant la désignation, la situation et les abornements de l'objet qui y est désigné sous le nom de *Garenne aux Lapins*, on se convainc que les parties contractantes en 1787 n'entendirent les unes vendre, l'autre acheter que le terrain, sis à Tourgéville, étant alors à l'état de *garenne fermée*, dans la contenance qu'avait alors cette dernière garenne ; en excluant de leur convention tout autre terrain, connu des parties contractantes aussi sous le nom de *Garenne*, mais étant dans d'autres conditions que la garenne enclose, objet de la disposition des mêmes parties, puisque le contrat de 1787 donnait à la *Garenne aux Lapins* et aux deux pièces en herbe qui paraissaient en être l'accessoire, pour abornements, d'un côté et d'un bout en partie, la *Garenne*, sans autre désignation ;

« Attendu qu'en s'expliquant ainsi dans les abornements et la situation de l'objet désigné sous le nom de *Garenne aux Lapins*, le contrat de 1787 fait connaître clairement qu'il existait une autre *garenne* que celle qui faisait l'objet de la vente ;

« Attendu, en effet, qu'il résulte de divers documents mis au procès, notamment d'une requête présentée, en 1782, au maître particulier des Eaux et Forêts de la vicomté d'Auge, par le comte de Brancas, et de la sentence rendue par cet officier, que ledit comte de Brancas se plaignait de voies de fait commises par plusieurs particuliers, en râtelant et arrachant des herbes dans une *garenne qu'il disait avoir*, s'étendant sur le territoire des communes de Deauville, Tourgéville et Bénerville, laquelle *garenne*, d'après les abornements énoncés en ladite requête, aurait compris tout l'espace de terrain, en nature de dunes de sable, existant dans cette partie sur le bord du rivage de la mer;

« Attendu, sous ce premier rapport, que la revendication des héritiers Auger, en tant qu'elle s'étend sur d'autres terrains que ceux compris au contrat de 1787, sous le nom de *garenne aux lapins*, manque de base, car, en supposant, et pour entrer peut-être intimement dans l'esprit d'un état de distribution des terres du comte de Brancas père à ses créanciers, déposé le 3 février 1787 au greffe de la commission instituée par le Roi pour la liquidation des affaires dudit comte de Brancas, où l'on a évalué la *garenne aux lapins* et les deux pièces de terre qui en étaient une dépendance, à 600 livres de revenu par année et au capital, au denier 36, de 21,600 liv., en supposant, disons-nous, que par la cession faite, par le contrat de 1787, au feu duc Buphile, *de la garenne aux lapins*, le comte de Brancas son père ait entendu aliéner au bénéfice de son fils des droits quelconques sur la garenne qu'il disait avoir sur les dunes bordant le rivage, aux communes de Tourgéville, Bénerville et Deauville; ces droits n'auraient pu consister que dans la chasse sur ces mêmes dunes, dont le terri-toire n'était pas compris, était même naturellement exclu dans la désignation donnée par le contrat de 1787, aux objets compris dans sa disposition.

« Mais attendu, sous un autre rapport, qu'en isolant la clause du contrat du 28 août 1824, relative à la désignation et à la contenance de 171 hectares, attribuée à la portion de terrain, sous le n° 5, désignée sous le nom de *garenne aux lapins*, en isolant cette clause de celle qui suit au même contrat, et portant que les objets dont ce contrat dispose proviennent au vendeur de ceux que lui a vendus son père, par autre contrat du 20 sep-tembre 1787, et donnant à cette même clause tout l'effet que ses termes comportent, c'est-à-dire, en reconnaissant que par cette clause le feu duc Buphile aurait entendu disposer envers Auger père d'environ 171 hectares du terrain des Dunes, paraissant avoir été, dans un temps plus reculé, à l'état de *garenne ouverte;* cette manière d'interpréter le contrat de 1824 donnerait naissance à la question de savoir si le feu duc Buphile aurait été fondé à vendre, en 1824, partie quelconque desdites dunes de sable, la partie du marais de Tourgéville et de Deauville ; en d'autres termes, si le duc était ou non propriétaire de ces mêmes terrains, et, en supposant la négative de cette question, si l'action en garantie dirigée par les héritiers Auger contre ceux du duc de Brancas, procéderait bien et serait fondée ;

« Attendu que la question de la propriété de ces terrains en dunes et pétillages se confond avec celle que font naître les prétentions beaucoup plus étendues et de madame veuve de Schoën et des époux de Frohen, intervenants, relativement au droit de propriété que ces mêmes intervenants revendiquent, et sur les terrains en dunes qui sont l'objet de la revendication particulière des héritiers Auger, et, de plus, sur toute l'étendue de terrains composant les marais de Tourgéville et de Deauville, toutes lesquelles revendications sont dirigées contre les deux communes, aujourd'hui et à l'époque de l'introduction de l'instance primitive en possession de tous les terrains compris en ces diverses revendications ; — de ce conflit il résulte que les demandes des héritiers de Brancas sont en opposition avec la demande desdits héritiers Auger, par l'effet de la prétention des premiers d'être déclarés propriétaires des terrains en dunes réclamés par lesdits Auger à leur exclusion.

« Attendu en ce qui touche la question dominante du procès, celle de savoir à qui appartient la propriété des terrains compris en ces diverses revendications, soit aux revendicants, soit auxdites communes de Deauville et de Tourgéville, que la solution de cette question paraît devoir résulter des considérations diverses qui vont être immédiatement exposées, dont l'examen attentif conduira à l'exacte

appréciation des droits respectivement réclamés par les parties en
cause ;

« Attendu qu'il est important de fixer comme point de départ
dans la discussion de ces droits l'arrêt du conseil privé du Roi, du
22 septembre 1693, intervenu à la suite d'un différend entre le seigneur du Montcanisy et la commune de Deauville, pour en déduire
certaines conséquences qui serviront à éclairer la discussion ; qu'en
effet, à l'époque de cet arrêt, il est manifeste et cela résulte des
termes mêmes de l'arrêt, que « les habitants étaient en possession
« de la jouissance des terres et herbages en question, » puisque
l'arrêt porte « *qu'ils en jouiront, ainsi qu'ils l'ont fait par le passé,*
« *en payant les droits accoutumés* au marquis de Montataire. » La
question de propriété des terrains dont il s'agit avait été soulevée
dans la requête expositive du marquis de Montataire, à la date du
23 mai 1693 ;—ou y lit effectivement « qu'en qualité de seigneur de
ces paroisses de Deauville, Bénouville et Tourgéville, il est seigneur
*tréfoncier* et propriétaire de certains prés nommés *Bouts-de-Nais* ou
*Dunes,* dont le suppliant et ses prédécesseurs seigneurs ont ordinairement joui, *comme par manière d'adjudication,* qu'ils en ont
faite de temps à autre, non seulement aux habitants de ces paroisses, mais encore aux habitants *bordiers,* c'est-à-dire voisins, en
payant certaine somme par chaque bête, et comme le suppliant et
ses prédécesseurs sont toujours demeurés les maîtres de faire ou
de ne pas faire la délivrance de ces prés, lorsqu'ils ont voulu s'en
servir pour leur usage particulier, etc., ». ;—déjà ne peut-on pas
s'étonner que le marquis de Montataire n'ait pas fait, dès cette
époque, vider cette question de la propriété tréfoncière des terrains
en question, lui qui l'avait soulevée dans sa requête expositive devant
la juridiction privilégiée du conseil privé du roi ?—Le marquis de
Montataire était néanmoins en possession, à cette même époque, des
*aveux et dénombrements* que produisent aujourd'hui ses successeurs et
ayant-cause, comme fondement de leur droit de propriété ;—il faut de

deux choses l'une, ou que le sieur de Montataire n'ait pas alors jugé ces *aveux et dénombrements* comme établissant en sa faveur la propriété des terrains que d'abord il avait réclamés, ou bien que pouvant, à l'aide de ces actes, se faire adjuger la propriété tréfoncière de ces mêmes terrains, il ait préféré obtenir un arrêt placité constituant une simple situation provisoire, en laissant la question principale indécise ; — cependant, ainsi qu'on vient de l'observer, les *aveux* produits aujourd'hui existaient à l'époque de 1693 ; ils avaient, quelques-uns d'eux au moins, été présentés au conseil ; on en avait argumenté dans les écrits ; furent-ils alors jugés insuffisants pour prouver la propriété en faveur du seigneur ; ou bien, celui-ci espérant recouvrer ou obtenir d'autres titres plus probants, concourut-il lui-même à faire ajourner la solution de la question de propriété. —Ces questions se présentent tout naturellement à l'esprit.

« En allant au fond des choses qu'aperçoit-on ? La grande difficulté de justifier par des titres la constitution du droit de propriété sur des terrains dans la condition de ceux dont il s'agit ici, droit pouvant remonter à des époques tellement reculées que le temps en aurait effacé les traces, ce qui, sous ce rapport, laisserait planer une certaine incertitude sur la *propriété native* de pareils terrains. —Et, dans une pareille occurrence, ne serait-ce pas le cas de recourir aux documents, soit écrits, soit traditionnels pour résoudre avec quelque succès cette question de propriété ;

« C'est un point historiquement hors de contestation que les *communes* ou communautés d'habitants existaient, en qualité de corporations collectives, plusieurs siècles avant le premier *aveu* produit au procès actuel (1498). Dans son *Histoire de la civilisation en Europe*, M. Guizot en fait remonter l'existence au Xe ou XIe siècle. — Il n'est pas moins hors de doute que, depuis des époques bien antérieures à celle de 1498 qui vient d'être exprimée, les communautés d'habitants possédaient *ut universi* des propriétés dans l'acception la plus étendue de la signification de ce mot, et dont la jouissance s'exerçait au bénéfice des habitants, de manière à en assurer les profits et avantages à la communauté : les communes possédaient aussi des *droits d'usage* sur des terrains dont la propriété appartenait à autrui. (Le plus souvent, ces droits d'usage des habitants étaient établis sur des terres dont la propriété appartenait aux seigneurs, dans l'enclave de leurs fiefs.) — Il avait dû résulter des abus dans l'exercice de droits ainsi constitués, abus nés de la différence de condition entre le seigneur et ses vassaux, plus ou moins en état de dépendance et d'infériorité par rapport à leur seigneur. Les édits de nos rois, notamment celui de Louis XIV, de 1667, nous apprennent que des usurpations avaient été faites sur les corporations d'habitants, puisque les Rois avaient jugé devoir en arrêter le cours par des dispositions législatives qui avaient pour objet de les faire cesser, en assurant des droits de communauté sur les biens dont elles jouissaient ou avaient joui à titre de propriétaires.

« Attendu qu'il importe de rechercher qu'elle était l'étendue et le titre de la jouissance, comme étant le droit des habitants de Deauville, avant de se livrer à l'examen des titres écrits, produits par les parties, avant aussi de déterminer la nature des redevances payées au seigneur par les habitants.

« Qu'était ce droit des habitans ?

« Celui de jouir, à partir de la mi-mars ou de la mi-avril, c'est-à-dire à partir de l'époque où les prés en question commençaient à offrir quelques produits pour l'alimentation des bestiaux, de ces mêmes produits, droit qui ne paraissait avoir d'autre limite que celle du nombre de bestiaux possédés par ces habitants, dont la durée ne paraissait être limitée que par l'épuisement du produit desdites pâtures par la saison d'hiver qui les anéantit ou qui empêche la dépaissance.

« Quel était le droit du seigneur sur ces mêmes terrains ?

« A l'exception des redevances qu'il ne pouvait se payer, ce droit était identiquement le même que celui des habitants, renfermé par la nature des choses dans les mêmes limites quant à la durée.—Les seigneurs du Montcanisy, soit par eux-mêmes, soit par leurs fermiers ou préposés, faisaient dépouiller les herbes excrues sur ces marais, de la même manière que les habitants, forcément pendant un temps de même durée, la seule pendant laquelle la dépaissance était possible.—Un pareil état de choses ne paraîtrait-il pas appartenir, plutôt à un droit de communauté des prés et marais en question, en faveur de tous les habitants indistinctement, y compris le seigneur et ses préposés, que constituer un simple droit d'usage des habitants sur des terres dont la propriété aurait été celle du seigneur. — La reconnaissance du *droit de jouissance* des habitants a été faite par ledit arrêt dans des termes qui la font réputer immémoriale ; cet arrêt que l'on peut considérer comme *une transaction judiciaire*, entre le seigneur et les habitants, a donc reconnu la possession de ce *droit de jouissance* de la part de ceux-ci, non à titre *d'usagers* ( l'arrêt ne le dit pas, et il n'aurait pu le dire qu'en consacrant corrélativement le droit de propriété en faveur du seigneur, ce qu'il n'a pas fait ), mais comme tributaires pour l'avenir comme ils l'avaient été par le passé des droits accoutumés envers le seigneur.

« Ces droits. tels quels, impliquaient-ils nécessairement la propriété des terrains. dans notre espèce, en faveur du seigneur ; ou ne pouvaient-ils pas avoir une autre origine que celle qu'aurait engendrée la jouissance des produits de terrains dont la propriété aurait reposé sur la tête du seigneur ?

« Si la première hypothèse eût été dans l'intelligence des auteurs de l'arrêt 1693. la question de propriété des terrains en question eût, dès cette époque, été retranchée, puisque l'arrêt reconnaissait le principe de redevances dues au seigneur, dont il ordonnait la continuation du service, sans toutefois, disait-il, rien préjuger sur le principal, ce qui eût entraîné virtuellement pour conséquence

l'attribution au seigneur de la propriété desdits terrains ; mais
aussi sans énoncer que la jouissance accordée auxdits héritiers,
l'était sur...... d'usagers, quelle que fût l'étendue de ces droits de
jouissance desdits habitants sur les produits des terres en question, il est certain que la reconnaissance du droit de propriété
d'icelles, en faveur du seigneur, n'eût certes pas été vaine : le procès qui s'agite aujourd'hui lui en fournit la preuve.

« L'arrêt du Conseil de 1693 *n'a modifié en rien les droits
des parties ;* il a simplement reconnu la jouissance des habitants
des terres en question, et consacré leur possession dans l'avenir
comme par le passé, laissant intacte la question de propriété.—
Depuis cette époque, leur possession, ainsi sanctionnée, est restée
dans le *statu-quo,* dans l'espèce de provisoire constitué par l'arrêt.—Aujourd'hui que la question de propriété des mêmes terrains
se débat et entre les revendicants, les intervenants et les habitants
de Deauville et de Tourgéville, c'est aux premiers à prouver leur
droit de propriété sur ces terrains, ainsi que la précarité de la
possession des habitants.

« Quelles preuves apportent-ils ?

« Des aveux et dénombrements qui, pour la majeure partie,
existaient à l'époque de l'arrêt de 1693 ; des contrats particuliers
entre quelques-uns des membres de la famille de Brancas ayant,
dans les derniers temps, possédé le fief du Montcanisy, et d'autres
passés entr'eux et des étrangers à la famille, tous lesquels contrats contenant des stipulations sur les terrains aujourd'hui en contestation.

« Quant aux aveux et dénombrements, il faut distinguer ceux
émanant directement des seigneurs du fief envers le Roi ou les
suzerains de la vicomté d'Auge, de ceux rendus aux seigneurs dudit
fief eux-mêmes, par des particuliers ou par une portion des habitants de la commune de Tourgéville ;

« Quant aux premiers, totalement étrangers aux habitants des commmunes défenderesses, émanant de la volonté seule des seigneurs, pourraient-ils avoir l'efficacité sinon de créer, au moins de proclamer avec une autorité suffisamment probante les moyens de faire consacrer la revendication des demandeurs;

« Mais déjà la raison semble combattre le système reposant sur cette prétention. Personne n'a le droit de se créer seul un titre de propriété opposable aux tiers;

« Un arrêt du Parlement de Normandie, portant la date du 27 juillet 1736, rapporté au *Recueil des arrêts du Parlement,* à la suite du texte de la Coutume, a consacré ce principe en matière de revendication, que des aveux ne sont pas suffisants pour opérer l'entérinement de lettres de loi apparente;

« L'opinion de Bacquet et de Basnage sur la force probative des aveux et dénombrements paraît conforme à la doctrine consacrée par cedit arrêt.—Voir l'extrait de l'opinion de Bacquet.—Basnage, sous l'art. 210 de la Coutume de Normandie, rapporte l'opinion de Bacquet et se l'approprie.—« Etant porté par le 71° article de la « Coutume de Paris que pour acquérir *droit de banalité*, est requis « titre valable, ou aveu et dénombrement ancien : on a demandé « quand un aveu et dénombrement doit être dît ancien et réputé « valable pour attribuer à un seigneur, soit justicier ou féodal, *droit* « *de banalité* sur ces subjets.—Attendu qu'on tient communément « qu'un aveu et dénombrement n'est titre : ainsi une simple dé- « claration des héritages et droits que le vassal prétend être appar- « tenant et dépendant de son fief, lesquels le plus souvent il am- « plifie et étend. Aussi un aveu et dénombrement ne peut faire « preuve, faire préjudice ni induire obligation, sinon entre le sei- « gneur dominant auquel il a été baillé et qui l'a reçu, et le vassal « qui l'a baillé et avec lequel il a été reçu ; non pas qu'un aveu « et dénombrement soit titre attributif de propriété, de possession « ou d'aucun droit d'un tiers qui n'est présent, appelé ni ouï

« au dénombrement. » *Legibus citatis et codice.* » — Bacquet, *Traité des droits de justice*, chapitre 29, nombre 31 ;

Quant aux aveux produits au procès , émanant de simples particuliers, ils n'ont d'autre effet que de prouver la reconnaissance des redevances dues aux seigneurs du Montcanisy, pour raison de la pâture des PRÉS et MARAIS, en exprimant plus ou moins ostensiblement qu'ils reconnaissaient et confessaient la propriété de ces terrains en faveur du seigneur.

Quoiqu'il en soit, ces aveux isolés ne peuvent avoir d'autorité à l'égard des autres habitants qui n'y auraient pas concouru.

« Attendu qu'il ne faut pas perdre de vue que les aveux particuliers ont été produits par la commune de Tourgéville, dans l'intérêt de sa cause et dans le but de justifier son droit à la perception des produits des terrains en contestâtion ; que, d'un autre côté, par rapport aux habitants de Deauville, lorsque devant le conseil privé du Roi, de 1693, ils argumentaient dans leur écrit des aveux rendus au Roi par les seigneurs du fief, ce n'était aussi que pour repousser la prétention du marquis de Montataire devant ledit conseil, laquelle tendait à les priver de leur jouissance sur lesdits terrains, en invoquant eux-mêmes, sous ce seul rapport, les énonciations et reconnaissances passées par les seigneurs dans ces mêmes aveux.

« La délibération du général des paroissiens de Tourgéville, réunis, à l'issue de la grand'messe, devant leur curé, *le 11 mars 1640*, relative à la déclaration qu'ils devaient faire au commissaire délégué pour le droit des amortissements et nouveaux acquêts, dans laquelle délibération lesdits paroissiens, après avoir parlé de deux petites pièces de terre, l'une dite *la Bruyère* de Glatigny, l'autre *la Commune*, cette dernière contenant un acre et demi, énoncent formellement que, dans leur paroisse, il n'y a aucune autre commune que les deux ci-dessus spécifiées ; cet acte , d'un caractère particulier en matière fiscale , ne peut assurément pas être considéré comme acte probant à l'appui d'une revendication. —Dans tous les cas, cet acte ne concernerait que les habitants de Tourgéville seuls, il ne pourrait avoir aucun effet à l'égard des habitants de Deauville.

« Quant aux contrats intervenus entre les membres de la famille de Brancas et autres, sur des intérêts privés dont quelques-unes de leurs dispositions ont pour objet les terrains en contestation, de la propriété desquels la famille se répute formellement propriétaire ; ces contrats sont de purs actes d'intérêt privé, ayant statué, à la vérité, sur la propriété des terrains qui sont aujourd'hui en débat, mais ces stipulations ont été faites arrière des habitants des communes intéressées ou de leurs représentants. — Ces actes ne sont pas plus probants que les aveux et dénombrements sur lesquels on s'est expliqué.

« Les seigneurs du fief du Montcanisy se sont toujours réputés propriétaires des dunes et marais en contestation, rien d'étonnant alors qu'ils aient, sous l'influence de cette opinion et dans des idées plus ou moins entachées d'esprit d'envahissement, proclamé dans des contrats authentiques, intervenus à diverses époques, leur droit de propriété sur les terrains dont il s'agit, tel qu'ils pouvaient se le figurer en leur faveur, même avec bonne foi.

« Le procès de 1693 ne fournit-il pas la preuve que le marquis de Montataire, qui, pour cacher sa main-mise sur les moutons des habitants de Deauville, sous prétexte qu'il entrait dans ses droits de faire cesser à son gré la dépaissance des pâtures en question, par les bestiaux des habitants, n'a-t-il pas été forcé d'abandonner cette prétention, en consentant indéfiniment à la jouissance des habitants, moyennant le payement des redevances, et ce, jusqu'au vide de la question de propriété ?

« Quoiqu'il eu soit, les actes produits, étrangers pour la majeure partie aux habitants, faits et passés arrière d'eux, n'ayant, aucun, le caractère d'un acte d'assemblée, obligatoire pour la généralité, sont-ils des actes probatifs, *ipso facto*, devant faire admettre et consacrer la prétention des revendiquants. — Il ne faut pas perdre de vue qu'il leur incombe de justifier, au point de vue de leur prétention, que le droit de jouissance commune des habitants de Deauville et de Tourgéville de la dépaissance des terrains dont il s'agit, droits de jouissance dont lesdits habitants ont été reconnus être en possession immémoriale ; que lesdits revendiquants doivent apporter des preuves d'une autorité irréfragable, à l'effet de limiter à un simple droit d'usage une jouissance que lesdits habitants ont de tout temps exercée en commun sur tous les produits des terrains qui en étaient l'objet, avec tous les caractères apparents d'une propriété commune de ces terrains.

« La possession commune de la part des habitants est un fait éclatant ; ils la partageaient avec les seigneurs du fief et leurs préposés ; tous ils exerçaient leur droit en commun, sans distinction, sans prérogatives, quant au bénéfice des produits, en faveur du seigneur ou de ses préposés ; c'était, dans le fait, une véritable jouissance commune, indication d'une propriété motive en commun.

« Le droit de *garenne* sur les dunes de sable, revendiqué auourd'hui par les héritiers Auger, droit de garenne que les représentants directs des anciens seigneurs ont, à diverses époques, réclamé sur ces mêmes dunes, cette garenne, ou au moins la prétention des seigneurs d'avoir garenne en ce lieu, était à ce qu'il paraît nouvelle, remontant à la fin du dernier siècle. La chasse aux lapins, dans ce même lieu, ne serait pas un acte de possession à titre de propriétaire par le seigneur qui jouissait, en vertu de sa prérogative, du droit exclusif de chasse sur les terres dépendant de son fief.

« Quant à la limitation de la durée actuelle de la dépaissance, telle qu'elle est exprimée plus ou moins, déterminent aux aveux produits cette limitation, en la supposant commandée par l'auto-

rité ou la suprématie du seigneur du fief, était une mesure né-
cessitée par la nature même, paraissant constituer plutôt l'exercice d'un droit de police à l'égard des terrains en question,
qu'indiquer par elle-même le signe de la propriété de ces terrains
de la part du seigneur. — Mais des droits étaient dus au seigneur
du fief en raison de l'espèce et du nombre de têtes d'animaux
que les habitants envoyaient à la pâture ; des droits de *franc-
aller* lui étaient aussi dus par chaque feu situé aux communes de
Deauville, Tourgéville et de Bénerville et autres, ayant des bêtes
mises à la pâture dans les dunes. Ces droits, dont la quotité est
déterminée par les aveux reconnus constants par les communes
défenderesses, prouvent-ils par eux-mêmes le droit de propriété
du seigneur sur les terrains, à l'occasion de la jouissance desquels
ils étaient établis, ces mêmes droits établissaient-ils la jouissance
précaire des habitants, à titre d'usagers seulement ?

« L'existence de ces droits est-elle démonstrative de la propriété
en faveur du seigneur des terrains qui en étaient l'objet ? — Il
existait sous l'ancien régime des usages qui autorisaient la perception de la part des seigneurs de fiefs, à titre de prérogative en
raison de leur qualité, de droits divers, variables suivant les lieux
et Coutumes. Dans certains cas, des droits de cette nature étaient
établis sur les bestiaux. L'art. 9 du titre 2 du décret des 15 et
28 mars 1790, dans l'énumération de plusieurs espèces de droits
féodaux dont il prononce l'abolition, parle notamment de droits
qui se percevaient sur les animaux et bestiaux. L'abolition de
ces droits est prononcée sans indemnité, à moins, dit la loi, qu'ils
ne soient dus par les fonds invariablement, eu que leur création
n'ait eu *pour cause des concessions d'usages* ou autres objets.

« Pourrait-on considérer dans notre espèce les droits dus par les
habitants au seigneur du fief du Montcanisy, dans les circonstances relatées aux aveux produits, comme le prix des concessions
d'usages qui leur auraient anciennement été faites sur les terrains

en contestation ? — Mais il n'est produit, par les représentants des seigneurs, aucun titre probatif de cette ancienne concession.

« Ces droits ne trouveraient-ils pas leur justification dans un autre ordre de faits qu'une concession primitive à titre onéreux de la dépaissance en question ?

« Les aveux produits énoncent que les seigneurs qui les rendraient, après avoir exprimé qu'ils étaient propriétaires des dunes et marais en question, ajoutaient qu'ils en avaient *la garde et seigneurie*, à cause de quoi, était-il dit dans ceux des 2 août 1530 et 14 octobre 1575, eux dits seigneurs avaient droit de prendre et avoir pour chacun an (ici la détermination des droits à percevoir par chaque tête de bétail mis à la pâture, suivant l'espèce).—Ces expressions des aveux ne sembleraient-ils pas se rapporter tout aussi bien à l'exercice d'un droit de prééminence féodale, qu'à celui d'une *concession d'usages* à titre onéreux ?

« La garde et seigneurie des prés en question, ces mots ne semblent-ils pas indiquer que les droits dont l'établissement est déclaré en être la conséquence se déduisaient de la protection du seigneur, qui s'étendait et sur les terrains et sur les bestiaux où ils étaient mis à la pâture.

« Mais ce qui paraît démonstratif de la nature des redevances en question, c'est le fait même de leur abolition par la survenance des lois de 1789 et 1790 ; si, en effet, leur véritable cause eût été dans une concession *de droits d'usages*, elles auraient échappé à l'abolition en continuant de substituer au bénéfice des anciens seigneurs ou de leurs représentants, aux termes formels desdites lois eux-mêmes.—A aucune époque les représentants des seigneurs du Montcanisy ne paraissent avoir, depuis l'abolition du régime féodal, élevé la voix pour réclamer le payement des redevances qui, d'après leur propre système, auraient eu pour origine une concession à titre onéreux.

« Serait-ce que les redevances stipulées, à cause de leur modicité, n'auraient pas paru aux représentants des anciens seigneurs mériter d'être l'objet de réclamations contentieuses auxquelles il leur aurait fallu recourir pour s'en faire payer; mais si, à leur point de vue, ces redevances, quelque modiques qu'elles fussent, étaient le prix, le signe caractéristique d'une concession originairement faite à titre onéreux ; l'abstention des représentants du seigneur, en pareil cas, les exposait aux chances diverses de libération que leur morosité aurait fait naître en faveur des habitants.—Il faut reconnaître, en cette occurrence, que les représentants des seigneurs ont eux-mêmes considéré comme atteints par les lois abolitives les droits établis sur les bestiaux des habitants; en effet, comment ne pas reconnaître le caractère féodal dans le droit qui était établi sur chaque feu pour le franc-aller dans les prés-marais dont il s'agit.

Les habitants de Deauville et Tourgéville ayant, depuis 60 ans et plus, sans interruption, joui de la dépaissance dans les prairies dont il s'agit, sans aucune indemnité, c'est le cas de reconnaître que la possession du droit de jouissance desdits prés-marais, reconnu exister en leur faveur depuis un temps immémorial, par l'arrêt de 1693, s'est complétée à leur bénéfice par suite de l'abolition du régime féodal qui leur a permis d'exercer leur droit de jouissance, en exemption des prestations pécuniaires; qu'avant cette abolition, ils étaient tenus faire et payer au seigneur titulaire du fief.

« Attendu que l'on pourrait se demander à quel titre les héritiers du dernier seigneur du fief de Montcanisy (la dame de Schoën et les époux de Frohen) pourraient, eux, qui ne possédant plus rien que ce soit dans l'étendue du territoire de Deauville et de Tourgéville, dont les auteurs ont mis hors de leurs mains, par suite d'aliénation, les terres et maisons qui leur donnaient droit à la dépaissance commune dans les prés et marais en question, qui sont représentés pour l'exercice de ce droit de dépaissance par leurs acquéreurs ; pourraient-ils, disons-nous , sous prétexte d'un droit de propriété native sur lesdits terrains en faveur de leurs auteurs, et d'une concession onéreuse d'usages sur ces terrains au bénéfice des habitants, de tout quoi ils ne montrent pas de titres, venir aujourd'hui et dans l'état actuel des choses, réclamer, en quelque sorte par voie d'induction, la propriété même desdits terrains, se faire adjuger par suite un cantonnement qui, d'après les principes sur la matière, ne pourrait être accordé par les tribunaux, qu'après exacte vérification des droits ;

« Attendu qu'il n'apparaît d'aucun document que les seigneurs du Montcanisy qui, en 1693, avaient élevé la prétention d'être les maîtres absolus des terrains en question, sans aucun partage, aient à aucune époque ultérieure réclamé au moins le *triage* sur ces mêmes terrains ;

Attendu que les inductions tirées de la prétendue jouissance confuse, par les habitants indistinctement des trois communes de Tourgéville, Deauville et Bénerville, en faveur du droit de propriété du seigneur du fief, par rapport à des terrains ainsi dépouillés, cette induction n'a pas de portée, en présence de la sentence de la maîtrise des eaux et forêts d'Auge, du 6 mai 1704, représentée par Deauville et portant : « Garde et maintient lesdits « habitants de Deauville *seuls* dans leurs priviléges et préroga- « tives de mettre pâturer leurs bestiaux sur la commune de la- « dite paroisse, défense faite à toutes autres personnes d'y mettre « aucunes bêtes, à peine de confiscation ; »

« Attendu que la revendication des héritiers de Brancas, telle qu'ils l'ont dirigée, offre cette singularité qu'ils l'ont limitée aux seuls terrains en marais et dunes, sis sur Tourgéville et Deauville, lorsqu'il résulte de toutes les pièces produites que des terrains dans les mêmes conditions que ceux revendiqués nommément étaient assis sur le territoire de Bénerville, et que le silence des revendicants, à l'égard des communaux de Bénerville, paraît fondé uniquement sur le partage qu'en ont fait entr'eux les habitants de ladite commune de Bénerville, conformément aux lois de l'époque révolutionnaire ;

« Attendu qu'une abstention, fondée sur un pareil principe, décèle la faiblesse du droit à la revendication que les héritiers de Brancas n'ont intentée contre Tourgéville et Deauville que 50 ans après l'époque à laquelle ils reprochent aux habitants de ces communes leur irruption violente dans la garenne du seigneur, et la prise de possession violente également de tous les terrains compris dans la revendication ;

« Attendu qu'il n'est pas jusqu'à la conduite des représentants de l'ancien seigneur du fief du Montcanisy, dans l'intervalle écoulé entre l'apaisement de la réaction violente de la tourmente révolutionnaire et l'époque de leur réclamation devant les Tribunaux, qui concourt à manifester leur peu de confiance dans le succès ; en effet, à peine dans ce long intervalle trouve-t-on, de la part du duc Buphile de Brancas, quelques protestations timides, dont aucune ne paraît avoir été suivie de solution.

« Sur l'action en garantie des héritiers Auger contre la comtesse de Frohen, héritière bénéficiaire de leur vendeur ;

En ce qui touche l'action des héritiers Auger contre la comtesse de Frohen, héritière bénéficiaire du feu duc Buphile de Brancas son père ; — qu'ainsi qu'on l'a précédemment fait remarquer, le contrat de vente par le duc Buphile à Auger père, en 1824, disposait que le duc tenait les objets vendus, du contrat de vente que lui en avaient passé ses père et mère, le 20 septembre 1787 ; or, ce contrat ne comprenait pas dans ses dispositions les dunes revendiquées par Auger ; d'un autre côté, il était expressément défendu par ce contrat, au duc Buphile, acquéreur, d'user du droit de pacage dans les dunes et marais, à cause de la propriété des terres à lui vendues, et ce, sous quelque prétexte que ce puisse être.

« Attendu qu'il ne serait pas possible d'admettre que le feu sieur Auger n'ait pas, avant de contracter avec le duc Buphile, pris communication du susdit contrat de 1787, auquel se référait d'une manière si intime le contrat de vente que lui fit le duc de Brancas en 1824 ;

« Attendu qu'en disposant, par ce dernier acte, d'une portion de terrain de la contenance considérable de 171 hectares en dehors des terrains compris au contrat de 1787, et circonscrivant cette portion de terrain dans les limites de la commune de Tourgéville, dont les dunes sont loin d'offrir une superficie aussi considérable, le feu duc de Brancas, en faisant stipuler au contrat de vente à Auger, en 1824, qu'il n'entendait pas garantir les mesures et contenances exprimées, délaissant à l'acquéreur les chances de gain ou de perte, suivant les différences qui pourraient exister entre la mesure réelle et celle exprimée, avec dérogation aux dispositions de l'art. 1619, Code Napoléon, ledit duc de Brancas s'est mis à l'abri de toute garantie, et le feu sieur Auger, en traitant avec le duc dans ces mêmes circonstances, surtout à une époque reculée des événements révolutionnaires, qui avaient modifié les relations entre les habitants de Tourgéville et de Deauville et les anciens seigneurs du fief du Montcanisy et en présence de la possession paisible desdits habitants, des terrains que les contractants de 1824 paraissaient avoir en vue dans leurs dispositions ; ledit sieur Auger faisant une sorte de convention aléatoire qui ne paraissait lui offrir qu'une faible chance de succès, et qui dépendait de la réussite d'un procès qu'il lui faudrait intenter aux communes possesseurs ; que c'est ici, à proprement parler, le cas de la garantie pour éviction ; qu'il s'agit plutôt des conséquences, par rapport à l'acquéreur, de la non délivrance de la totalité des objets vendus audit Auger en 1824, le duc de Brancas s'en est suffisamment affranchi, en stipulant la non garantie pour défaut de mesure indéfiniment, stipulation paraissant avoir été insérée dans le contrat pour repousser, en tous cas, l'action en garantie contre le duc de Brancas ;

« Attendu, quant aux dépens, qu'ils doivent être supportés par les parties qui ont succombé, en faisant cette distinction, que la dame veuve de Schoën et les époux de Frohen ne doivent être passibles que de ceux faits contre eux, à partir seulement de l'époque où chacun d'eux a élevé la prétention d'être déclaré, à un titre quelconque, propriétaire des terrains par eux revendiqués, prétention qui a été rejetée.

« PAR CES MOTIFS, — Après en avoir délibéré, les opinions émises conformément à la loi, par jugement en premier ressort ;

« Statuant sur la demande principale en revendication des héritiers Auger, dirigée contre les communes de Deauville et de Tourgéville ; reçoit lesdites communes opposantes au jugement rendu par défaut contre elles, le 12 février 1833 ; dit à bonne cause cette opposition et rapporte ledit jugement comme nul et surpris à la religion du Tribunal ; statuant par jugement nouveau sur ladite demande principale en revendication desdits héritiers Auger ; telle notamment qu'elle résulte des conclusions additionnelles signifiées par eux au procès, le 22 janvier 1853 ; *statuant aussi sur les conclusions et demandes incidentes et reconventionnelles du comte de Frohen et de son épouse, telles qu'elles résultent des conclusions par eux signifiées, les 22 mars et 7 avril 1853, en tant que ces demandes ont pour objet la revendication contre lesdites communes de la propriété des terrains, sis auxdites communes, en nature de dunes et marais ; sans avoir égard aux moyens et prétentions desdites parties revendicantes, déclare les héritiers Auger, la dame veuve de Schoën et les époux de Frohen mal fondés dans leurs dites revendications des terrains dont il s'agit, les déboute de leurs demandes et conclusions, tant principales que subsidiaires à cet égard ;* condamne lesdits héritiers Auger, la dame veuve de Schoën et les époux de Frohen, chacun pour leur

fait et regard , aux dépens envers lesdites communes ; — Dit néanmoins que la dame veuve de Schoën et la comtesse de Frohen ne
seront passibles desdits dépens qu'à compter du jour où ils ont
formé respectivement leur demande en revendication ; — Déclare
pareillement mal fondé l'approchement en garantie dirigé contre
le duc de Brancas, le 11 mars 1840, condamne lesdits héritiers
Auger aux dépens de cet approchement. »

11. Ce jugement, qui consacre autant d'erreurs historiques qu'il
contient de considérants, a été frappé d'appel par madame la comtesse de Frohen et madame de Schoën. Les héritiers Auger l'ont
au contraire accepté, en sorte que, devant la Cour, la cause se
présente dégagée de leur revendication sans fondement, qui n'a
pu qu'obscurcir la vérité aux yeux du Tribunal. La question est
nettement posée en ces termes :

Les anciens seigneurs du Montcanisy *ont-ils été, de tout temps,
propriétaires* des Prés-Marais dépendant de leur domaine, et les
habitants des paroisses, aujourd'hui communes, de Deauville et de
Tourgéville, n'ont-ils jamais eu sur ces prés *que de simples droits
d'usage*, en sorte que les représentants des anciens seigneurs
puissent aujourd'hui exercer une action en cantonnement ?

Au contraire, les paroissiens ont-ils reçu des seigneurs, dès le
principe, la propriété pleine et entière de ces prés-marais, en
sorte que les redevances, signes de la directe féodale, aient disparu avec les lois abolitives de la féodalité, en consolidant leur
propriété ?

C'est ce que nous allons examiner.

# DISCUSSION.

12. Celui qui veut faire prévaloir une demande en cantonnement contre des usagers, n'a au fond qu'une chose à prouver, qu'il est propriétaire ; car la qualité de simple usager est attribuée à son adversaire, et par la preuve de la propriété du demandeur, et par l'action en cantonnement elle-même. Cette preuve, les Appelants vont la faire par la production de leurs titres, des *aveux et dénombrements* qui, indépendamment de la force probante qui s'y attachait dans l'ancien droit, ont été invoqués par les Communes intimées, et rendus, par conséquent, titres communs à toutes les parties.

Au XV° siècle, le fief de Montcanisy appartenait à la famille de Recusson, ou Recuchon, suivant la forme normande, depuis longtemps éteinte. Ce fief, dont dépendaient les paroisses de Deauville et de Tourgéville, comprenait naturellement les prés-marais aujourd'hui en litige, et relevait directement du Roi à cause de la châtellenie de Touques, en la vicomté d'Auge. On sait que chaque vassal, une fois dans sa vie, « *et dans les quarante jours qui* « *suivent sa réception en foi par son seigneur,* » (Cout. de Paris, art. 8), devait fournir à son seigneur un *aveu et dénombrement* de son fief, c'est-à-dire une déclaration authentique contenant une description exacte de tout ce qui composait son fief. En Normandie, on donnait même le nom d'*aveu* aux déclarations que les détenteurs de biens roturiers fournissaient aux seigneurs dans la mouvance desquels ils étaient situés (Coutume de Normandie, art. 101). Nous verrons dans la cause se produire quelques-uns de ces aveux roturiers.

En 1498, Jean de Recusson rendit au Roi l'aveu suivant :

ARCHIVES DU ROYAUME.

Section administrative.

Aveu du 6 no-
vembre 1498.

13. D'un aveu et dénombrement rendu par le sieur de Recuchon a
été extrait et copié littéralement ce qui suit :

« *Du Roy nostre souverain seigneur, Ie Iean de Recuchon filz*
« *et heritier aisné de feu Adrien de Récuchon en son vivant es-*
« *cuyer, confesse et advoüe tenir en foy et hommaige-lige d'ice-*
« *lui seigneur à cause de la viconté d'Auge et châtellenie de*
« *Toucques la franche sergenterie du Plet de l'Espée.* . . . .
. . . . . . . . . . . . . . . . . . .
« *item confesse et advoüe tenir ung fief ou membre de fief noble*
« *tenu par un tiers de fief de haubert nommé le fief du Mont-*
« *Canisy du quel le chef est assis en la paroisse de Tourgéville*
« *en la dite viconté d'Auge.* . . . . . . . . . . . . . . .
« *et sy ay droit de présenter a cause d'icelui fief en seconde*
« *alternative en mon degré à l'église parroissiale de St Pierre*
« *dudit lieu de Tourgéville quand le cas s'offre; et il y a* UNE
« COMMUNE *nommée la Bruyère de Glatigny* AUMOSNÉE *par mes*
« *prédécesseurs aux habitants dudit lieu; et aussi il y a* UNE COM-
« MUNE *assise sur ledit Montcanisy en la dite parroisse de* Tour-
« géville *et* UNE COMMUNE *au dit lieu de* Deauville, *et une*
« AUTRE COMMUNE *en la prairie de Bénerville* données *tant par*
« *mes prédécesseurs que par le seigneur dudit fief de Béner-*
« *ville aux habitants dudit lieu* SELON CE QU'IL EN A ÉTÉ USÉ ;
« *du quel fief du Montcanisy, je confesse debvoir hommaige-lige*
« *et ce qui en despend à cil desdits contendants à qui il sera*
« *trouvé appartenir avecques le service d'ost au Roy nostre dict*
« *seigneur, tel que d'un tiers de fief appartient, protestant à plus*
« *bailler et déclarer si mestier est et somme en sus, et se il*
« *vient a congnoissance. En tesmoing desquelles choses, j'ai signé*
« *ces presentes de mon seing manuel et scellé du séel de mes*

« *armes, le sixième iour de novembre, l'an MCCCCLXXXXVIII.*
« DE RECUCHON. »

Extrait et collationné par nous garde général des archives, etc.

*Signé* LETRONNE.

14. Plusieurs choses très importantes ressortent de cet aveu, le plus ancien de tous.—En premier lieu, de temps immémorial, les seigneurs du fief de Montcanisy avaient octroyé à titre bénévole, charitable, AUMÔNÉ, en un mot, quelque chose aux paroissiens de Deauville et de Tourgéville,—et ce quelque chose, accordé par les seigneurs, les habitants EN AVAIENT anciennement USÉ. N'est-il pas évident, à la simple lecture, que ce qui est ainsi concédé est un *droit d'usage*, puisque pour exprimer la nature du droit des paroissiens, on se sert précisément du mot *usé*, mot technique, mot dont le sens a toujours été précisé dans le droit romain et dans celui du moyen-âge ;—et dès lors on est forcé de conclure que, corrélativement à l'*usage* des habitants, existait toujours en 1498, comme auparavant, le droit de propriété non aliéné du seigneur.

En second lieu, que le droit *aumôné* par les seigneurs de Montcanisy ait été un *usage*, comme nous le disons et le prouvons, ou *une propriété*, comme le prétendent à tort nos adversaires, ce droit a été une concession, une libéralité des anciens seigneurs ; les communes en ont joui depuis plus de cinq siècles ; elles en jouissent aujourd'hui comme au premier jour, sauf l'appréciation de la nature de ce droit, et sans qu'il ait été commis d'empiètements réels contre leur possession. Il n'y a donc pas eu d'abus de la puissance féodale, d'usurpations du seigneur. Nous sommes certains qu'on n'essaiera pas de faire apparaître dans la cause le fantôme des lois révolutionnaires et l'image des vassaux de Montcanisy tyrannisés par leurs maîtres. Au jour où l'égalité incline toutes les têtes, ce sont, au contraire, les habitants qui s'insurgent contre le droit commun, en changeant leur titre, et en opprimant les descendants dépouillés de leurs anciens bienfaiteurs.

15. En troisième lieu, le mot *commune*, répété quatre fois dans l'aveu de 1498, ne doit pas faire illusion et s'interpréter comme d'une *propriété communale*, d'une propriété qui repose sur la tête de tous les habitants considérés *ut universi*. Ce serait méconnaître les plus simples notions de l'ancien droit. Le mot *commune* indique en général des biens sur lesquels les habitants ont *de simples droits d'usage ;* il est relatif au mode *de jouir*, non à la propriété en elle-même. Quelques citations vont suffire pour mettre ce point hors de doute.

Henrion de Pansey, *Dissertations féodales*, vᵒ *Communaux*, § 1.

« Il arrive assez fréquemment que, comme les habitants des « communautés jouissent *en commun des usages* , ils appellent « *communes de simples usages.* »

Merlin, *Répertoire*, vᵒ *Communaux*.

« Remarquez que fréquemment on appelle *communaux* les biens « qui ne sont tels qu'*à titre d'usage* et dont les communes n'ont « pas la propriété foncière. Cette manière de parler s'est même « introduite dans nos lois. »

16. Curasson, t. viii, nᵒ 814, p. 174, professe positivement que l'emploi du mot *communes, communaux, marais communaux*, ne désigne pas ordinairement une propriété des habitants. Après avoir rappelé avec Dunod que la dénomination de *communes* est donnée aux lieux où les communautés ont *leurs usages* plutôt qu'à ceux qui leur appartiennent, il ajoute :

« J'ai sous les yeux une charte d'affranchissement donnée par Humbert de Cuisel, en janvier 1304, au bourg de Clairvaux, dans laquelle on lit, art. 24 :

« Le sire ne peut décroître *les communes* ni de bois ni de « terres, ni donner à aucun qui ne soit de la communauté de la « ville, fors *par le consentement des bourgeois.* » « Par un autre « article, il était permis à chaque habitant de défricher une par-« tie des communaux, *en payant une redevance* au seigneur :

« preuve évidente que la propriété des bois et pâtis , quoique
« qualifiés *communaux, lui appartenait ; que* seulement il *en avait*
« *cédé l'usage* aux habitants, sous la promesse de ne faire au-
« cune concession qui pût diminuer la servitude. »

« Et dans une reconnaissance donnée en 1668 par les habi-
« tants de la Frasnée, qui faisait aussi partie de la baronnie de
« Clairvaux, le mot *communes* est appliqué d'une manière encore
« plus positive à des bois et terres dont le seigneur s'était réservé
« la propriété :..... Aussi ces habitants ont-ils obtenu un can-
« tonnement dans les bois dont il s'agit.

« Cette confusion de mots ne me paraît pas d'une bien grande
« importance dans la pratique. »

Curasson ajoute plus bas :

« Mais, à défaut de clauses explicatives ou d'actes interpréta-
« tifs, force serait de s'en tenir à la véritable acception du mot
« *usages*, qui désigne plus communément un droit de servitude
« qu'une propriété communale : et quand il y aurait obscurité, la
« règle *semper in obscuris quod minimum est sequimur*, me paraît
« ici beaucoup plus applicable que le principe établi par la loi, 39
« *ff. de Pactis.* »

« C'est ainsi que, malgré la faveur qu'avait accordée aux com-
« munes la loi du 28 août 1792, la Cour de cassation a décidé,
« par arrêt du 25 brumaire an H, que la demande en réintégration
« dans une forêt contre un ci-devant seigneur, n'était pas fondée,
« quoique cette forêt fût qualifiée *de bois de la commune* par plu-
« sieurs titres. »

« Dans une affaire que j'ai eu à soutenir pour l'État, la ville
« de Salins se prévalait d'anciens titres, qui renfermaient des ex-
« pressions dont le sens semblait n'avoir trait qu'à la propriété. La
« forêt de Moidon, revendiquée par cette ville, était qualifiée « *propre*
« *héritage à la communauté dudit bourg, sans que d'autres gens*
« *y aient ou doivent avoir par raison, usage ou autres droits*

« *quelconques.* » « Dans un autre titre on disait, en parlant de
« la même forêt : » « que iceux bois étant *ès-dits communaux,*
« les habitants ont laissé croître et venir en état, jusqu'à ce qu'ils
« en ont eu affaire *pour la nécessité d'icelui bourg.* » Les habi-
« tants demandaient, en conséquence, au comte de Bourgogne, leur
« seigneur, la permission de mettre en ban lesdits *bois communaux,*
« ce qui leur avait été octroyé. »

« Cependant la Cour a décidé, par arrêt du 11 *janvier* 1830,
« que ces termes n'étaient pas attributifs *de propriété exclusive aux*
« *habitants ;* que, d'après *les anciens principes confirmés* par l'ar-
« ticle 542 du Code civil, l'expression *biens communaux* pouvait
« s'entendre *de l'usage* aussi bien que la propriété ; et que la per-
« mission sollicitée du seigneur pour mettre en ban les bois dont
« il s'agit, prouvait que la propriété était reconnue. »

« Ainsi, pour l'interprétation des titres, il faut s'en tenir moins
« aux mots qu'à la chose, et surtout avoir égard aux circonstances.»

17. Ces observations sont décisives ; mais qu'il nous soit permis de
citer encore dans cette cause l'opinion de l'un de nos plus savants
compatriotes , M. Léopold Delisle , dans son beau livre intitulé :
*Etudes sur la condition de la classe agricole et l'état de l'agri-*
*culture en Normandie au moyen-âge* (1).

« La multiplicité des terrains auxquels le mot de *Commune* est
« donné dans nos anciens titres, est une excellente preuve que
« *l'usage de la pâture en commun* était alors généralement reçu
« dans toute la province. Nous avons cru qu'il serait utile d'indi-
« quer en note ces mentions de *Communes...* »

(Suit l'indication en note de 52 textes , depuis 1174 jusqu'à
1475, qui parlent de *Commune, Communia, Quemune.*)

(1) Publié par la Société d'agriculture, sciences et arts de l'Eure, et cou-
ronné par l'Institut, qui deux fois lui a décerné le grand prix Gobert. —
Evreux, 1851.

« On distingue assez facilement que, dans ces nombreux exemples,
« le mot *Commune* n'a pas un sens bien précis, et, dans plusieurs
« cas, il semble être synonyme de *vain et vague* (1). Ce serait une
« grave erreur de prendre tous ces terrains pour des biens commu-
« naux proprement dits. *Ces derniers, en effet, sont excessivement*
« *rares au moyen-âge. Le plus souvent, le Roi ou le seigneur était*
« *le véritable propriétaire des fonds affectés à la pâture commune.*
« Les hommes qui y mettaient leurs bestiaux ne doivent être gé-
« néralement considérés que *comme usagers.* (p. 169.) »

Dans la charte des Coutumes de Ver-sur-Mer, rapportée au Livre
noir du chapitre de Bayeux, on lit :

« Item homines canonicorum debent habere COMMUNIAM *per*
« *totam villam* sicut homines ipsius domini. »

*Communia, commune,* ne signifie probablement pas ici un terrain appartenant en propre aux hommes du chapitre de Bayeux,
puisque ces hommes doivent avoir *la commune* dans tout le domaine. *Commune* est pris dans son vrai sens *de droit d'usage,
communis pastura.* — Le texte suivant prend le mot *communis
pastura* dans la même acception.

Vers 1160, Guillaume Corbet accordait en ces termes un droit
de pâture sur toute sa terre aux bestiaux du prieuré de Notre-
Dame-de-la-Colombe :

(1) En 1225, les religieux de Fécamp se firent céder par Nicolas de Hotot
les droits qu'il avait dans la vallée d'entre Viteffeu et la mer : « Vide licet
« mariscos, roserias, paludes, prata, piscarias pisces, aquas, turbarias, masagia,
« *communias* cum pertinentiis suis »—1403. « Item a tel droit sur tout ledit
« fief de Condé-sur-Rille, que nul de dehors ledit fief ne doit, ne peut venir
« sur ledit fief repaistre ses bestes, excepté en douze froz nommés *Communes,*
« par telle manière que s'il est trouvé hors d'icelles *communes....* il sera tenu
« payer audit Escuier iiij boisseaux d'avoine....., etc. » (L. Delisle, p. 168.)

(2) Coutume de Beauvoisis, ch. XXIV, n° 6, t. 1, p. 341.

« Communem pasturam per totam terram meam suis propriis
« avariis. (Cartul. de St-Sauveur, n° 251.)

En 1204, Philippine de Graville permit aux chanoines du
prieuré de Notre-Dame-de-la-Salle d'exercer avec les hommes le
droit de vaine pâture, à condition que pendant le temps de banon
les bestiaux de ces hommes pourraient aller sur la terre du prieuré.
Ces divers droits sont exprimés en ces termes :

« Volo quod, sicut canonicus sive canonici ibidem morantes
« habere voluerint *communiam* hominum meorum *in herbagiis*, ita
« permittant eis habere sua in suis, tempore scilicet quo *herbagia*
« sunt *communia*. » (Cartul. de Graville, f. 117, r. ibid., p. 162.)

18. Dans la vérification générale des droits de la baronnie de
Troarn, au XIII° siècle, on lit ces mots :

« Et nullus potest in eodem marisco (*marais*) sine assensu et
« voluntate abbatis et monachorum secare herbam, vel facere
« aliquam piscariam, nisi eos que ibi antiquitus facte fuerunt et
« possesse, nec habere aliquam *communiam* nisi dederit de con-
« suetudine annuatim iiij° denarios et unam gallinam et decem
« ova vel alias consuetudines..... exceptis hominibus dicti
« abbatis, et hominibus Willelmi de Rupetra, et Nicholai Male-
« mains, qui habent *communiam* in marisco abbatis et mona-
« chorum extra defensa, quoniam homines dicti abbatis debent
« habere similiter *communiam* in mariscis predictorum militum,
« exceptis eorum defensis..... » (*Parvus liber rubeus in quo
agitur de censibus et redditibus abbatis Troarni*, f. 10, v.—Archives
du Calvados, et apud Léopold Delisle, p. 282.)

Fondée en 1050 par le comte Roger de Montgomery, le *Grand
Normand*, l'abbaye de Troarn, indépendamment du bourg, possédait en pleine propriété tout le marais, *totum mariscum de terra
ad terram*. (Livre Rouge, ibid.) Le sens du mot *communia*, dans
le document précédent, est donc très-nettement déterminé : c'est
un droit dans la propriété d'autrui.

Enfin, le texte suivant, emprunté au même Recueil, achève la démonstration que nous avons entreprise.

En 1297, l'abbé de Troarn convoqua les jurés des paroisses d'Emiéville, de Guillerville et de Saint-Pair pour déterminer les droits des habitants sur les marais appartenant à l'abbaye :

« ..... Et dixerunt per juramenta sua quod consuetudines sunt
« tales..... et dicunt quod quicunque foderit in dictis mariscis, de
« terra que inde extracta fuerit abbas plenarie habebit medieta-
« tem..... et dicunt quod *herbagia crescentia in mariscis istis*
« COMMUNIA *sunt hominibus villarum predictarum,* nec potest vel
« debet aliquis, quicunque sit, ibi herbas seccare vel falcare cum
« falce..... » (*Parvus lib. rubeus Troarni,* f. 10, vᵒ et rᵒ.)

La conclusion de tout ceci est qu'au moyen-âge le mot *commune* signifie toujours, ou presque toujours, un *droit d'usage*, et que dans un titre, lorsqu'il rencontre ces mots de notre aveu : « *il y a commune assise,* » le plus simple antiquaire y voit un usage plus ou moins étendu au pâturage, et jamais un droit de propriété.

Que dire, après cela, de l'ignorance ingénue de ceux qui, au nom de la commune de Deauville (1), s'écrient fièrement :

« D'abord, où sont les auteurs anciens qui, contrairement à
« ceux que nous avons cités, enseignent que le mot *communes* si-
« gnifia jamais *droits d'usage;* on n'en indique pas un seul;
« que l'on consulte Proudhon, *Droits d'usage,* t. viii, ch. 3, il
« les a tous passés en revue, et l'on jugera! »

Hélas! Proudhon, comme le défenseur de Deauville, connaissait parfaitement le Code civil, et très mal le droit et l'histoire du moyen-âge. Il était de cette génération de jurisconsultes révolutionnaires qui pliaient le passé à leurs théories, au lieu de l'étudier pieusement et de l'interroger dans les monuments de l'époque. Son système de la propriété native des communes, en présence des

_______________

(1) Dernières observations pour la commune de Deauville.

seigneurs, ferait sourire aujourd'hui le plus obscur antiquaire de Normandie. Nous citons tout simplement des chartes qui règlent la constitution des marais de la Dive, à quelques lieues des marais litigieux, et où le mot *commune* signifie *droit de pacage, droit d'usage*, par opposition au tréfond. Nous ne pouvons faire davantage ; mais, en vérité, cela nous paraît bien suffisant !

Enfin nos lois modernes reproduisent exactement les mêmes expressions :

« Les biens *communaux* sont ceux sur la propriété *ou le produit* desquels tous les habitants d'une ou de plusieurs communes, ou d'une section de commune ont un droit commun. »

(Loi du 10 juin 1793, sect. I, art. 1.)

« Les biens communaux sont ceux à la propriété ou *au produit* « desquels les habitants d'une ou de plusieurs communes ont un « droit acquis. » (Code Nap., art. 542.)

19. Le 2 août 1530, Guillaume de Recusson, fils de Jean, rendit au Roi l'aveu suivant :

« ARCHIVES DU ROYAUME.

« Section domaniale.

« *Au Roy, nostre souverain seigneur, Ie, Guillaume de Récu-* « *chon, escuyer, confesse et advoue tenir nûment et sans moyen,* « *en foi et hommage, un tiers de fief noble, nommé le fief de* « *Bénerville, autrefois dit le Montcanisy, noblement et franche-* « *ment tenu à cour et usage, duquel le chef est assis en la* « *paroisse de Tourgéville, en la vicomté d'Auge, au bailliage de* « *Rouen, et s'étend en icelle paroisse et ès-paroisses de Deau-* « *ville, Bénerville, Saint-Arnould et ès-parties d'environ, au-* « *quel tiers de fief a cour et usage en basse justice, homme,* « *hommages, reliefs et aides reliefs, treizièmes, regard de ma-* « *riage, manoir, colombier, terres labourables et non labourables,*

« sujets de charrues et de marchés deux fois l'an, corvée, ser-
« vices et autres franchises, dignités et libertés, prés, bois de
« haute futaie et autres bois, pâturages, rentes en deniers,
« grains, œufs, oiseaux, poissons..... garennes, droit de
« tendre partout le Montcanisy aux francs oyseaulx de leurre et
« autres, et avec droit de tendre partout aux autres oiseaux de
« mer, aux prés et pâturages dudit fief de Montcanisy, et spé-
« cialement aux marais et au bout de nais, et assis à Deauville,
« varechs en la mer, coutumes et dignités des poissons et des
« marchandises vendues et achetées à l'endroit du territoire dudit
« fief, et depuis le fossé des Roseaux jusqu'à l'église de Béner-
« ville, livrées au mois de mars ès-prairies et pâtures, ès-pa-
« roisses de Tourgéville, Deauville et Bénerville, et la garde et
« seigneurie d'iceux prés, et à cause d'iceux a le droit de
« prendre et avoir chacun an, dix deniers tournois de chacune
« bête aumaille venant à la livrée desdits prés et pâturages
« desdites paroisses de Tourgéville, Deauville et Bénerville, entre
« la my-mars et la my-avril, quinze deniers tournois de chascune
« beste chevaline, deux deniers tournois de chascune beste à laine,
« cinq sols de chascune beste porcheline ; et sy ay droit de
« prendre et avoir chacun an au terme de la feste de Toussains
« sur chacun feu du dict lieu de Deauville, Benouville, Béner-
« ville et autres qui viendront prendre pasture aux dunes et
« landes, le franc-aller et deux deniers de pasturage, à cause
« des prez et pasturages de la dicte paroisse et d'icelles dunes
« et landes, et d'icelui tiers de fief........ »

20. A travers l'accumulation des droits, honneurs et priviléges qui
s'entassent dans les phrases laconiques de cet aveu, il faut se guider
par l'analyse. — Le seigneur de Montcanisy a un tiers de fief....
auquel tiers de fief (il y) a cour et usage en basse justice, hommes,
hommages..... dignités et libertés, prés, bois de haute futaye et
autres bois, pâturages..... droit de tendre partout aux oyseaulx

*de mer,* (droit) aux prés et pâturages dudit fief, et spécialement aux marais et aux bouts de nais, assis à Deauville, *varechs en la mer*..... livrées *au mois de mars* ès prairies et pâtures *ès paroisses de Tourgéville, Deauville et Bénerville; et la* GARDE ET SEIGNEURIE D'ICEUX, *et à cause d'iceux a le droit de prendre et avoir chacun an, dix deniers tournois de chacune beste aumaille* (1), etc......

De quoi le fief se compose-t-il entr'autres ?

D'un droit aux prés et spécialement aux marais..... lequel se traduit par des *livrées* (redevances) au mois de mars, et le droit de percevoir à cause des prés, dix deniers tournois, etc. Voilà ce qui ressort clairement de l'aveu. Ainsi les seigneurs ont un droit retenu sur les prés ; le droit des habitants, à leur tour, *d'user* de ces mêmes prés n'est pas gratuit ; il a été primitivement constitué, moyennant une redevance du reste assez légère.—Quel est maintenant la nature de ce droit retenu par les seigneurs ?—Si nous n'avions que l'aveu de 1530, il ne serait peut-être pas impossible d'essayer d'équivoquer, et de dire que c'est une simple directe féodale, dont le signe était la redevance même. Mais en rapprochant ce texte de celui de l'aveu précédent (1498) : « *Selon ce qu'il en a « été* USÉ » ; en le comparant surtout au texte des aveux qui vont suivre, et qui, s'expliquant l'un par l'autre, se prêtent un mutuel appui, on ne pourra concevoir le moindre doute. Ce droit est bien la propriété, et c'est à cause de ce droit retenu qu'il y a des redevances ou *livrées.*

21. Le premier juge a paru surpris de ces mots : « *et la garde et seigneurie d'iceux prés* », et il lui a semblé que *seigneurie* se devait entendre de la directe féodale, et *garde* du droit de police et de justice appartenant au seigneur dans toute l'étendue de son fief. Ces deux interprétations sont deux erreurs.

(1) *Bêtes aumailles,* gros bétail, *animalia.*

7

« Le mot seigneur a une double signification : l'une de signi-
« fier, *in abstracto*, tout *droit de propriété* ou *puissance proprié-*
« *taire* qu'on a en quelque chose, qu'à l'occasion d'icelle on peut
« dire sienne ; l'autre de signifier, *in concreto*, une *terre seigneuriale*.
« Donc *la seigneurie*, en cette *générales ignification*, est définie : puis-
« sance en propriété. » (Loiseau, *Traité des Seigneuries*, chap. I<sup>er</sup>.)

Ainsi l'acception générale, commune du mot *seigneurie*, dans
l'ancien droit, n'est autre que celle de propriété. Ce n'est qu'acci-
dentellement que *seigneurie* revêt une signification féodale.

Quant au mot *garde*, il n'a pas trait à la police, ni à la justice
haute ou basse ; il signifie tout simplement *possession légale*, et il
est le synonyme de *saisine*.—Avoir la *garde* des biens d'un indi-
vidu, c'était en avoir la possession légale, faire en général les
fruits siens, être investi des actions qui garantissent extérieure-
ment le droit. *Saisine* a le même sens (en allemand, *gewere*, protection, défense).

« La *garde* royale est quand elle échet pour raison du fief
« noble tenu nuement et immédiatement de lui, et a le Roy par pri-
« vilége spécial que non seulement il fait les fruits siens des fiefs
« nobles immédiatement tenus de lui..... à la charge toutefois de
« tenir en état les édifices, manoirs, bois, prés, jardins, étangs et
« pêcheries, etc., etc. » (*Cout. de Normandie*, art. 215.)

« Le seigneur fait les fruits de la *garde* siens..... en ce cas il est
« tenu de conserver le fief en son intégrité, etc. » (ibid., art. 218.)

Ainsi, le Roi ou le seigneur qui avaient la *garde* d'un fief, selon
les circonstances, en avaient la possession légale avec les charges
et les priviléges. *Bail* a le même sens que *garde* dans la Coutume
de Bretagne.—Avoir la *garde*, c'est donc la même chose qu'avoir
la *possession*.

Les seigneurs du Montcanisy avaient intérêt à exprimer dans leurs
aveux qu'ils avaient la *garde*, c'est-à-dire la *possession juridique*
des prés-marais dont les paroissiens étaient *usagers*. En général,

la propriété et la possession de fait sont réunies dans la même main ; — mais le nu-propriétaire, par exemple, en présence d'un usufruitier ou d'un usager qui, comme dans l'espèce, absorbe la totalité des produits utiles du fond, n'a plus une possession de fait qui révèle incessamment son droit, et cependant il a la possession de droit que lui conserve la jouissance de l'usager. Il a donc grand intérêt à consacrer dans un acte authentique sa possession latente, sa *garde*, qui ne se révèle que par le fait et la possession d'autrui.

*Garde* et *seigneurie* signifient donc dans la langue la plus pure du vieux droit, *possession* et *propriété*.

22. En 1575, Marguerite de Récusson, fille de Guillaume et seule héritière du fief de Montcanisy, avait porté ce domaine à Guy de Bricqueville, son mari. Celui-ci rendit l'aveu suivant, que nous trouvons reproduit *in extenso* dans les mémoires de la commune de Tourgéville, et INVOQUÉ PAR ELLE :



« *Du 14 octobre 1575..... Nous Guy de Bricqueville et dame*
« *Marguerite de Récusson, fille et héritière en partie de défunct*
« *Guillaume de Récusson, en son vivant escuyer seigneur de Mont-*
« *canisy, confessons et advouons tenir à foi et hommage, de mon*
« *dit seigneur, à cause de la viconté d'Auge, et châtellenie de*
« *Toucques, à la représentation du Roy, notre sire, un fief ou*
« *membre de fief noblement tenu par un tiers de haubert, nommé*
« *le fief du Montcanisy, duquel le chef est assis en la paroisse de*
« *Tourgéville et ès-paroisses de Deauville et Bénerville. Auquel*
« *tiers de fief succède notre dite femme et épouse par la mort et le*
« *trépas dudit sieur de Récusson, son père ; y a cour et usage en*
« *basse justice.... et si avons à cause dudit fief autres franchises*
« *et libertés*, prés en franc dunage, pâturages en denrées, ga-
« renne, *droit de tendre partout le Montcanisy aux francs oiseaux*
« *de leurre et autres, et même avons droit de tendre à tous autres*

« *oiseaux de mer*, aux prés, pâturages *dudit fief du Montcanisy*,
« *et* par spécial au marais, et au bout d'un marais assis à Deau-
« ville, *droiture de varéchage en la mer, coutumes, dignités,*
« *droit de balisage à l'entrée du passage de la Touques; à cause*
« *de quoi avons droit de prendre de chacun navire entrant et*
« *sortant d'icelle rivière un denier par tonneau*.... Item à nous
« appartiennent les dunes, nais et communes des paroisses de
« Deauville, Tourgéville et Bénerville, avec la garde et seigneurie
« d'icelles dunes et communes, *à cause de quoi avons droit de*
« *prendre et avoir pour chacun an, au jour de Saint-Michel, un*
« *denier tournois pour chaque bête aumaille venant prendre*
« *pâture auxdites dunes et communes desdites paroisses;* les
« paroissiens desquels lieux sont sujets nous bailler état et dé-
« claration des bêtes qu'ils mettront pâturer auxdites dunes et
« communes, entre la mi-mars et la mi-avril, et ils nous doivent
« 15 deniers de chaque bête chevaline, 2 deniers de chaque bête à
« laine et 5 sols de chaque bête porcheline, *et aussi avons droit*
« *de prendre et avoir chacun an, au jour de la fête de la Tous-*
« *saint, sur chacun feu desdits lieux de Deauville, Tourgéville et*
« *Bénerville,* de ceux qui ont bêtes venant prendre pâtures auxdites
« dunes, *pour leur franc-aller* (1), *deux deniers, etc.* »

Ici la lumière jaillit de toutes parts. La langue, devenue plus
claire, dissipe les derniers nuages qui pouvaient envelopper la
pensée.

---

(1) Nous ne relèverons pas l'ingénuité du défenseur de la commune de Deauville en première instance, qui confond le *franc-aller* des communes, leur droit de mener librement leurs bestiaux aux pâturages, avec la tenure en *franc-alleu,* qui cite Ferrière à ce sujet, et s'évertue à prouver que le franc-alleu constituait une pleine propriété.

.......et tu fortasse cupressum
Scis simulare, quid hoc.......?
HORAT. *De arte poetica.*

« Item, a nous appartiennent les dunes, nais et communes des
« paroisses de Deauville, Tourgéville et Bénerville, avec la garde
« et seigneurie d'icelles, à cause de quoi avons droit de prendre,
« etc..... »

Nous mettons au défi tous les efforts de l'érudition de torturer
ces mots *à nous appartiennent les communes*, et d'y voir autre chose
qu'un droit de propriété. La redevance dont on parle est nettement indiquée comme représentant ce droit de propriété retenu ;
par conséquent les habitants, qui n'ont pas la propriété, conservée au seigneur, n'ont qu'*un droit d'usage*.

23. Le dernier aveu émané du seigneur, en 1678, est encore plus
explicite sur la propriété, s'il est possible.

A cette époque, le fief était tombé dans la famille de Madaillan.
La petite fille de Guy de Bricqueville, héritière de ce fief, qui
semble être fatal aux héritiers mâles, l'avait porté à son mari, M. de
Vipart de Sainte-Croix.—Sa fille unique le porta, à son tour, à Louis
de Madaillan, son mari (1678). Pour en finir sur ce point généalo-
gique, disons tout de suite comment il est entré dans la famille de
Brancas, aujourd'hui aussi représentée par deux femmes qui réclament
les derniers débris de cet antique domaine.—Louis de Madaillan n'eut
qu'une fille, Reine de Madaillan, qui épousa Léon de Madaillan,
marquis de Lassay, son neveu, dont elle n'eut pas d'enfant. Le
comté de Madaillan, qui comprenait entr'autres le fief de Montcanisy,
passa alors à une branche collatérale, à Anne-Louise-Félicité de Madaillan, sœur de Léon de Madaillan, — laquelle épousa le marquis
d'O. Celui-ci, à son tour, vit défaillir sa lignée masculine, et laissa
le comté de Madaillan à sa fille Adélaïde d'O, mariée en deuxièmes
noces à Louis de Brancas, duc de Lauraguais, père du comte
Antoine, que nous avons trouvé distribuant, en 1787, ses biens à
ses créanciers, et par conséquent grand-père du duc Buphile de
Brancas et de madame de Schoën.

Aveu du 22 mars 1678.

L'aveu du 22 mars 1678 a été produit dans un Écrit par la commune de Tourgéville. Louis de Madaillan :

« ..... *Reconnait et confesse tenir noblement de son altesse* « *royale Mademoiselle, à cause de la vicomté d'Auge et châtel-* « *lenie de Toucques, c'est à savoir : un tiers de fief de haubert* « *qui se relève de plein relief par cent sols, vulgairement appelé* « *le fief de Bénouville, dit Montcanisy, dont le chef est assis en* « la paroisse de Tourgéville, et s'étend aux paroisses de Deau- « ville, *Saint-Arnoult, Vauville, Blonville, Bénerville, et aux* « *environs en la vicomté d'Auge, auquel fief il y a domaine* « *fieffé et non fieffé..... droit de manoir et de colombier, droit* « *de garenne, et de tendre dans toute l'étendue dudit fief aux* « *francs-oiseaux de leurre et autres oiseaux de mer*, dans les « prés et marais dépendant dudit fief et notamment aux marais « de Deauville, *au lieu dit vulgairement le Bout-du-Nais.....* « *Droit aussi de percevoir*, comme seigneur et propriétaire des « communes des paroisses de Bénerville, Deauville et Tourgé- « ville, *dix deniers au terme de Saint-Michel, pour chaque* « *bête à corne qui prend pâture dans lesdites communes, de-* « *puis la mi-mars jusqu'à la mi-avril, quinze deniers pour chaque* « *bête cavaline, et cinq sols pour chaque bête porchine ; comme* « *aussi de lever sur chaque feu desdites paroisses*, et de ceux « qui voudront faire prendre pâture par leurs bestiaux dans les- « dites communes, *deux sols par chacun an, le jour et fête* « *de la Toussaint, et pour le franc-aller deux deniers....* (1)

Non seulement dans cet aveu les prés-marais sont indiqués comme dépendant du fief de Montcanisy, mais Louis de Madaillan en est déclaré SEIGNEUR ET PROPRIÉTAIRE ! — Que l'on rapproche ces mots décisifs de ceux de l'aveu précédent : « ITEM A NOUS APPAR- « TIENNENT, » et de ceux de l'aveu de 1498 : « SELON CE QU'IL EN

_______

(1) Archives de l'Empire, section domaniale.

« A ÉTÉ USÉ, » et il est impossible de ne pas demeurer convaincu des deux choses qui font tout le procès : *le droit de propriété* des anciens seigneurs, *le droit d'usage* des communes intimées.

Ainsi ces quatre aveux, les seuls qui aient été produits et dont deux l'ont été par les communes elles-mêmes, démontrent invinciblement le droit de propriété des auteurs de la famille de Brancas, et suffisent pour faire rejeter les prétentions de ses adversaires. On a vainement essayé d'en atténuer la force.

24. C'est ici le lieu d'examiner deux objections écrites dans le jugement du tribunal de Pont-l'Evêque : la première est tirée du caractère de la jouissance constatée par les aveux ; la seconde, de la nature même des aveux, en tant que titres probants.

« On doit, dit le premier juge, apporter des preuves d'une « autorité irréfragable, à l'effet de limiter à un simple droit « d'usage une *jouissance* que lesdits habitants ont de tout temps « exercée en commun *sur tous les produits des terrains* qui en « étaient l'objet, avec les caractères apparents d'une propriété « commune de ces terrains. »

Cela veut-il dire que les revendiquants doivent apporter la preuve claire et précise de leur droit de propriété ? Cela va de soi, et les Appelants se conforment à cette règle éternelle, *onus probandi incumbit ei qui dicit*, en produisant et en analysant les *aveux* qui sont leurs titres, et aussi, comme nous le verrons, ceux des communes intimées.

Ou bien le jugement veut-il faire entendre que lorsque l'exercice du droit d'usage absorbe la totalité des produits utiles du sol, cette jouissance cesse d'être un démembrement de la propriété pour devenir la propriété elle-même ? — C'est alors une erreur bien facile à réfuter, et dans laquelle sont aussi tombés à deux reprises les défenseurs des Communes.

25. Ecoutons Merlin dans ses conclusions du 24 mars 1807 : « Sans doute, en thèse générale et dans l'absence de toute

« espèce de titres, celui-là est censé propriétaire du fonds qui
« en recueille tous les fruits, qui en retire à soi tous les émo-
« luments, qui profite de tout ce que sa superficie offre d'utile.
« — Mais celui qui ne jouit ainsi de tous les droits superficiels
« d'un fonds qu'en vertu d'un titre qui le déclare usager, com-
« ment pourrait-il prétendre à une propriété que son propre
« titre lui refuse ? Pour soutenir un pareil système, il faudrait
« aller jusqu'à dire que l'usage se confond et s'identifie avec la
« propriété, lorsqu'il absorbe tous les fruits, tous les revenus de
« la propriété même, et ce serait une grande erreur. — Par
« cela seul qu'un droit a le caractère d'usage, il a essentielle-
« ment celui de servitude ; et d'après la règle *res sua nemini
« servit,* il est impossible que l'usager soit propriétaire. Qu'importe
« que l'usage soit plus ou moins étendu ; le plus ou moins en cette
« partie, comme en toute autre, ne change rien à la nature des
« choses ; et soit que l'usager ait plus, soit qu'il ait moins, il y
« a toujours lieu de dire, avec Coquille, *que tant qu'il porte sa
« qualité d'usager, il ne peut acquérir droit de propriétaire.* »

« L'arrêt du 23 septembre 1581, que nous avons déjà cité
« d'après M. Bouhier, met cette vérité dans le plus grand jour ; il
« assigne à la commune de Bourberain une portion de la forêt de
« Velours *pour en jouir en plein usage ;* et il ajoute que dans cette
« portion *le seigneur ne pourra doresnavant prétendre aucune chose
« FORS LA PROPRIÉTÉ NUE, avec la chasse, justice, amendes et con-
« fiscations.* Il juge donc bien clairement que les habitants ne se-
« ront qu'usagers, et qu'ils ne seront pas propriétaires, quoique,
« par l'effet de leur usage, ils emportent tous les profits de la pro-
« priété. »

« Mais un arrêt bien plus solennel, bien plus important à tous
« égards, et qui décide la question dans des termes encore plus
« tranchants, est celui que la Cour a rendu le 27 nivôse an XII,
« au rapport de M. Babille et sur nos conclusions entre le préfet

« du département de la Haute-Marne et la commune de Saint-Thi-
« bault. . . . . . . . . . . . . . . .
. . . . . . . . . . . . . . . . . .

« Et il ne faut pas s'étonner que la Cour suprême ait jugé, par
« là, qu'une commune n'est pas propriétaire d'un bois, quoique,
« par l'effet de son droit d'usage, elle en recueille tous les produits
« superficiels. Les coupes d'une forêt, les herbes qu'elle offre au
« pâturage ne composent pas tout l'utile de la propriété de cette
« forêt. Indépendamment du bois que l'on y coupe et des herbes
« qu'y broutent les bestiaux, il est encore des avantages inhérent
« à la propriété même, et qui ne peuvent appartenir qu'au pro-
« priétaire, alors même que les usagers ont le droit d'en couper
« tout le bois, et d'en enlever toutes les herbes. — Par exemple, si
« dans cette forêt il y a des mines de métal, d'alun ou de charbon,
« bien certainement c'est au propriétaire et non pas à l'usager
« que la loi du 12 juillet 1791 assure le droit de les exploiter avec
« la permission du Gouvernement. — D'ailleurs, nous l'avons déjà
« dit, le propriétaire conserve toujours le droit de faire cantonner
« l'usager ; et vous savez que ce droit emporte celui de soustraire
« à l'usage une portion de la propriété, en abandonnant l'autre por-
« tion à l'usager qui par cette voie en devient propriétaire. » (*Rép.*,
v° *Communaux*, p. 604 et s.)

Il n'y a pas un mot à ajouter à cette lumineuse et puissante
démonstration, sinon que l'art. 635 du Code Napoléon suppose précisément que l'usage peut absorber la totalité des fruits, et qu'un
grand nombre d'arrêts ont été rendus dans cette hypothèse (1).

26. Cette première objection écartée, nous ne serons pas davantage

(1) Cass., 27 nivôse an **XII.**
Nîmes, 23 octobre 1825 ; Dalloz, 26—1—322.
Cass., 1er décembre 1835 ; Sirey, 36—1—102.
Cass., 13 août 1839 ; Sirey, 39—1—742.

arrêtés par une seconde que le premier juge a crue triomphante :
« Les aveux, dit-il, ne sont pas opposables aux communes ; elles
« n'y étaient point parties, elles n'y ont pas été représentées. »

L'objection n'est sérieuse ni en droit ni en fait. Voyons donc si
nos titres sont des actes étrangers aux communes, et si, tout en
reconnaissant le droit des Brancas, consacré par ces monuments
vénérables, elles pourront le repousser en faussant l'application de
la maxime : « *res inter alios acta !* »

Sans doute, d'après la Coutume de Normandie, des aveux n'auraient peut-être pas suffi pour établir une *banalité* au préjudice
des habitants, parce que les banalités étaient ce qu'il y avait de
plus odieux dans le régime féodal. Aussi, Basnage estime que
« les aveux et les dénombrements ne sont point des titres de banalité, » et c'est à ce sujet qu'il cite l'opinion de Bacquet,
dont s'est emparé le premier juge. Mais qu'on le remarque bien, —
*c'est à propos des banalités* que Basnage professe que « les aveux
« ne peuvent faire de preuve ni induire aucune obligation qu'entre
« le seigneur et le vassal. » — La question de la force probante
des aveux n'est point soulevée à l'occasion d'un droit de propriété
ou de simple usage, qui serait attribué à telle ou telle personne
dans l'aveu, et il est permis de supposer que dans ce cas la
solution eût été différente. Et même, en ce qui touche les banalités,
il paraît que l'opinion de Basnage et de Bacquet n'avait pas été
suivie dans la pratique, car Basnage, après la citation de Bacquet, ajoute ces mots : « NÉANMOINS, par arrêt du 22 février
« 1600, donné au profit du sieur baron du Pont-Saint-Pierre,
« les héritages tenus de ladite baronnie furent déclarés sujets au
« ban des moulins d'icelle et au payement de la verte-moute,
« le cas échéant, au cas que les grains fussent transportés hors
« le fief. » (Basnage, sur l'art. 210 de la Cout., t. 1, p. 303,
col. 2, édit. de Rouen, 1709.) On voit bien clairement que
Basnage regardait l'arrêt du 22 février 1600 cômme tout à fait

contraire à son opinion, que des aveux ne pussent prouver l'existence d'une banalité, quoique les habitants sujets à cette banalité n'y eussent pas été parties.

Mais écoutons maintenant Godefroy :

« L'adveu fait preuve, *non-seulement contre celui qui le baille* « *et ses héritiers, mais aussi contre tous possesseurs de l'héri-* « *tage contenu en icelui, à quelque titre que ce soit.* Mais si « les possesseurs dénient que les dénommés audit aveu ayent « jamais joui desdits héritages, comme il arrive assez souvent, « j'ay vu douter à qui c'est à le prouver. Quand il n'est ques- « tion que des redevances, *et que l'héritage est advoüé tenu de* « *la seigneurie, j'ai toujours cru que la présomption est pour* « *le seigneur,* parce que c'est au vassal d'enseigner à quel droit « et titre il jouit : *secùs* si la vassalité est déniée, et l'héritage « advoüé d'autre seigneurie, car c'est à celui qui se prétend « servir desdits aveux à faire preuve qne le bailleur possédait « au temps d'iceux. » (Comment. sur la Coutume de Norman-die, par MM. Berault, Godefroy et la paraphrase de M. d'Aviron, t. ı, p. 360, col. 1. — Edit. Rouen, 1776.)

Ainsi, le savant Godefroy ne doute pas que l'aveu ne fasse foi *contre tout possesseur de l'héritage contenu en icelui, à quel-que titre que ce soit,* lorsqu'il n'y a pas de contestation sur la mouvance. Il est impossible de mieux dire que l'aveu prouve, à l'égard des tiers, les différentes modifications de la propriété qui y sont indiquées.


27. Mais fût-il vrai que, considérés en eux-mêmes, les aveux ne sont pas opposables à ceux qui n'y ont pas été parties, dans l'es-pèce qui nous occupe, ils sont devenus les titres personnels des communes, au moins de la commune de Deauville, qui les a in-voqués, ratifiés, qui se les est approprié à tout jamais dans toutes leurs parties, en déclarant devant la justice, par l'organe

de ses légitimes représentants , « *qu'ils n'avaient pas besoin* « *d'autres titres que les aveux* » ci-dessus transcrits. Nous verrons, après quelques citations de pièces, s'il sera encore possible aux communes de 1855 de répudier les actes et le langage des paroissiens de 1693, et de méconnaître des titres que leurs ancêtres ont invoqués avec reconnaissance.

28. A la fin du XVII° siècle, Louis de Madaillan, marquis de Montataire, eut le tort de vouloir troubler les habitants de Deauville et de Tourgéville, qui payaient fidèlement leurs redevances, dans la jouissance de leurs usages. C'était la tentative inverse de celle qui se produit maintenant. Le propriétaire voulait dépouiller l'usager ; l'usager veut aujourd'hui expulser le propriétaire. Mais Louis de Madaillan fut vaincu dans la lutte ; espérons que les communes aussi ne triompheront pas.

Le 14 avril 1693, Louis de Madaillan signifia aux paroissiens de Deauville, de Tourgéville et de Bénerville , qu'il ne voulait plus faire délivrance du pacage sur *les dunes, garennes et marais,* se réservant d'en disposer par lui-même et comme il aviserait.

Les paroissiens de Tourgéville et de Bénerville , moins hardis ou plus affectionnés envers leur seigneur, obéirent à cette notification ; mais ceux de Deauville , qui jouissaient de la part de marais la plus considérable , réclamèrent et portèrent leurs réclamations jusqu'aux pieds du trône.

Louis de Madaillan , ayant fait saisir les bestiaux des récalcitrants, usa contre eux du droit de *committimus* que lui donnait une charge honorifique dans la grande fauconnerie de France , et les traduisit devant la juridiction des Requêtes de l'Hôtel, à Paris.

De leur côté, les paroissiens de Deauville , ayant constitué en assemblée régulière les sieurs Dubosc et Saucisse pour leurs représentants, ajournèrent leur seigneur devant le maître particu-

lier des Eaux et Forêts de la vicomté d'Auge, siégeant à Pont-
l'Evêque.

M. de Madaillan déclina cette juridiction et demanda son
renvoi aux requêtes de l'Hôtel où les habitants avaient déjà été
assignés.

Malgré ce déclinatoire, le maître des Eaux et Forêts rendit, le
5 mai, une sentence par laquelle il ordonna que les parties
communiqueraient leurs titres et pièces ; toutefois, il permit aux
habitants, par provision, de *jouir* desdits prés.

29. Alors M. de Madaillan présenta requête au Roi, en son conseil,
et obtint, le 23 mai 1693, une ordonnance portant que les sieurs
Dubosc et Saucisse seraient assignés au Conseil en réglement
de juges entre les Requêtes de l'Hôtel et le maître des Eaux et
Forêts d'Auge. Cette ordonnance prononçait en outre le sursis à
l'exécution de la sentence du 5 du même mois (1).

(1) Nous ne donnons pas le texte de la requête de M. de Montataire, lequel,
en affirmant son ~~droit de propr~~iété, avait le tort de refuser aux habitants la
qualité d'usagers (... *il est seigneur tréfoncier et propriétaire de certains prés
nommés Bouts-de-Nais...* etc.). Nous ferons seulement observer qu'à la page 1re,
M. de Montataire, pour établir sa propriété, déclare que « le suppliant et
« ses prédécesseurs seigneurs ont ordinairement joui (desdits prés) comme
« par manière d'adjudication qu'ils en ont faite de temps à autre, non seu-
« lement aux habitants de ces paroisses, *mais même aux habitants bordiers,
« c'est-à-dire voisins*, en payant certaine somme pour chasque beste... »

Ce fait de la concession du droit de pâture à des habitants bordiers, qui
exclut si hautement l'idée que les paroisses fussent propriétaires, n'a pas
été démenti dans la requête des habitants que nous donnons *in extenso*.

On sait que le propriétaire peut créer de nouveaux droits d'usage, ou de
nouvelles servitudes, malgré l'existence des anciennes, sur sa propriété, s'il
n'occasionne pas de préjudice aux premiers usagers. La conduite du marquis
de Montataire, qu'il ait fait des adjudications passagères, ou créé de véritables usages au profit des habitants *bordiers*, c'est-à-dire *voisins* des paroisses usagères, se concilie donc parfaitement avec sa qualité de propriétaire,

Requête des paroissiens de Deauville du 4 septemb. 1793.

30. Le 4 septembre, les habitants de Deauville présentèrent à leur tour une longue requête qui, à notre sens, tranche complètement la question du procès, et dont nous donnons intégralement le texte :

« Au Roy, a Monseigneur et a son Conseil.

« Sire,

« Les habitants en commun de la paroisse de Deauville, remontrent tous humblement à Votre Majesté qu'ayant été obligés d'intervenir parties en l'instance de réglement de juges, sommée au conseil par le sieur marquis de Montataire et en laquelle il avait affecté de ne faire assigner que Thomas Dubosc, prêtre, et Gabriel Saucisse, qui sont deux d'entr'eux, quoique la question d'entre les parties *regarde le général de la paroisse et qu'il n'y ait rien de particulier* pour lesdits Dubosc et Saucisse, ainsi qu'il est justifié en l'instance ; les suppliants ont, depuis cette intervention, présenté requête au conseil à ce qu'il plût à Votre Majesté les recevoir opposants à l'exécution de l'arrêt du 23 mars dernier, introductif de ladite instance, en ce qui regarde les défenses y contenues, faisant droit sur leur opposition, et, en conséquence de leurs titres et de leur possession, ordonner *qu'ils continueront de jouir* de leur commune, comme ils ont fait par le passé, avec défense audit sieur de Montataire de les y troubler ni inquiéter.

« Ledit sieur de Montataire y a fourni sa requête contraire, et l'instance des requêtes respectives est prête à juger sur le fait de la provision, mais comme il n'y a rien qui puisse empêcher qu'en même temps, et pour éviter une multiplicité d'arrêts, il soit statué sur la question du réglement de juges, qui est

<hr>

de *seigneur tréfoncier,* comme il se nomme ; — mais c'était la négation la plus patente du droit de *propriété* qu'invoquent aujourd'hui les Communes. Cependant les habitants ne se sont pas plaint de çe fait dans leur requête ; ils l'ont accepté comme vrai d'abord, comme légitime ensuite, preuve évidente que malgré quelques ambiguïtés de langage, les paroisses, en 1693, ne défendaient *que leurs usages* et ne prétendaient pas à la pleine propriété. Si nous les voyons plus tard, en 1704, écarter judiciairement des individus qui veulent faire aussi pâturer sur les prés-marais litigieux, c'est que ces individus se présentent sans droit et sans autorisation régulière.

très facile à décider, d'autant plus qu'elle est en état, tant de la part des suppliants qui ont employé par leur requête d'intervention, que de celle desdits Dubosc et Saucisse, qui n'ont pas d'autre intérêt que celui de la communauté, et encore de la part dudit sieur marquis de Montataire, qui a communiqué ses pièces auxdits suppliants, et fait signifier sa requête servant d'avertissement en l'instance dudit réglement de juger.

« Il ne reste aux suppliants que de répondre à cette requête et faire voir que ledit sieur de Montataire est entièrement mal fondé, soit en l'instance principale, soit en celle du réglement de juges, ce qui leur sera bien facile, *puisque les pièces mêmes dont se sert ledit sieur de Montataire décident contre lui, et servent à établir le droit des suppliants sur les communes en question;* à l'égard de la question principale, les suppliants ont déjà fait voir par leurs précédentes requêtes, et justifié par les pièces par eux produites en l'instance de requêtes respectives, qu'ils sont de temps immémorial *en possession de leurs communes,* et ledit sieur de Montataire en convient lui-même, cette possession est prouvée par les droits d'amortissement qu'ils en ont payés à Sa Majesté, et par les différentes taxes auxquelles ils ont été assujétis *pour être maintenus en la propriété desdites communes.* Ces taxes payées depuis un siècle, et leur jouissance actuelle de toute ancienneté leur suffit, sans qu'ils aient besoin du titre de leur première concession, laquelle est si ancienne que la recherche en serait inutile, d'autant plus qu'il paraît qu'elle leur a été faite à titre onéreux, et que, par l'ordonnance des Eaux et Forêts de l'année 1669, art. 5 du titre des *Bois, prés, marais, landes, pâtis, pêcheries* et autres biens appartenant aux communautés et habitants des paroisses, il est expressément porté que si, pour raison *desdites communes,* les habitants payent quelques reconnaissances en argent, corvée ou autrement, la concession passera pour onéreuse, quoique les habitants n'en montrent pas le titre.

« Et pour justifier que les Concluants *jouissent des communes appelées les Nais de la paroisse Deauville, à titre onéreux,* ils n'ont pas besoin *d'autres titres que de ceux qui leur ont été communiqués* par le marquis de Montataire, *notamment de l'aveu qui fut rendu en 1572,* au duc des Bourbon, engagiste de la vicomté d'Auge, par Guy de Bricqueville, à cause de Marguerite de Récusson, sa femme, fille de Guillaume de Récusson, du fief de Montcanisy, qu'il dit *s'étendre ès paroisse de Tourgéville, et aux paroisses de Deauville,* St-Arnoult, Bénerville et Bénouville, lequel contient encore ces propres termes :

« *Item, nous appartient les dunes, nais et communes ès paroisses Deau-*

« *ville*, *Tourgéville* et Bénerville, avec la garde et seigneurie d'icelles dunes
« et communes, à cause de quoi nous avons droit de prendre et avoir, par
« chacun an, au jour de Saint-Michel, dix deniers tournois pour chacune bête
« aumaille venant prendre pâture auxdites dunes et communes. Les parois-
« siens desquels lieux sont sujets à nous bailler état et déclaration, entre la mi-
« mars et la mi-avril, des bêtes qu'ils mettent pâturer aux dunes et communes,
« et doivent quinze deniers pour chacune bête chevaline, deux deniers pour
« chacune bête à laine, cinq sols de chacune bête porchine, et outre avons le
« droit de prendre et avoir chacun an, les jour et fête de Toussaint, et sur
« chacun feu des lieux, quatre deniers tournois pour le droit de franc-aller aux-
« dites communes. »

« *Les termes de cet acte établissent incontestablement* ce titre onéreux, et
font voir que les communes en question sont distinctes et séparées, comme
il paraît par un précédent aveu du 25 novembre 1544, dans lequel il est fait
mention de la commune assise à Montcanisy, en la paroisse de Tourgéville,
et d'une autre en la paroisse Deauville.

« Ainsi lesdits habitants payant audit sieur de Montataire les quatre deniers
pour feu par chacun an pour le droit de franc-aller, dix deniers pour bêtes
aumaille, quinze deniers pour cheval, deux deniers pour mouton et cinq sols
pour bête porchine, qui sont les redevances féodales dont ils sont tenus, il est
sans aucun doute que ledit sieur de Montataire *ne peut priver les habitants de
leurs usages, et que la jouissance de ces communes leur appartient* incontestablement et à titre onéreux, sans qu'il soit au pouvoir dudit sieur de Montataire de les en empêcher, *parce qu'il ne possède son fief qu'à cette condition,
exprimée en ses aveux, qui font sa loi.*

« Il sera donc question de juger en instance principale si ledit sieur
de Montataire, au préjudice de *ses propres titres*, de la possession immémoriale des suppliants, *des taxes et des droits d'amortissement qu'ils ont
payés pour y être maintenus*, et contre la disposition de l'édit du mois d'a-
vril 1667, par lequel Votre Majesté avait même permis aux habitants des
paroisses, dans toute l'étendue du royaume, de rentrer de plein droit, sans
aucune formalité de justice, dans la possession de leurs *communes et usages*
vendus, aliénés ou usurpés, a pu de sa seule autorité, par un simple exploit
du 14 avril dernier, déclarer aux habitants de Deauville qu'il n'entendait plus
leur permettre *l'usage* des communes et nais qu'il dit lui appartenir et dont
il entend jouir, et les faire dépouiller, avec protestation qu'en cas qu'aucun

des bestiaux desdits habitants y fussent trouvés pâturant, il les ferait emparquer pour leur en faire payer le dommage.

« C'est cet acte et les saisies violentes qui ont été faites, en conséquence, des bestiaux des suppliants, qui ont donné lieu au procès dont il s'agit ; ainsi Votre Majesté voit, qu'au principal, les suppliants sont bien fondés à se défendre de l'entreprise dudit sieur marquis de Montataire, de les avoir tous dépouillés de son autorité *d'une commune qui leur appartient, dont ils jouissaient à titre onéreux,* bien qu'il n'y ait aucun droit que celui qui est porté par ses propres aveux, qui est quatre deniers pour leur droit de franc-aller, pâturages et les redevances ci-devant exprimées pour chaque bête.

« Cet acte du 19 avril dernier porte : qu'il n'entend point leur *faire la livrée desdites communes* pour la présente année, comme si cette livrée était nécessaire auxdits habitants, et qui, suivant *les mêmes aveux dudit sieur de Montataire, et notamment le dernier du 23 janvier 1572,* sont seulement obligés de lui donner, *entre la my-mars et la my-avril,* les états et déclaration des bestiaux qu'ils mettent pâturer ès dits nais et commune, *comme il se pratique à l'égard des usagers ès forêts* de Votre Majesté, suivant l'art. 2 du titre des droits de pâturage et panage de l'ordonnance des Eaux et Forêts de l'année 1669.

« Si une telle entreprise était tolérée, il n'y aurait point de seigneurs qui ne pussent dépouiller leurs vassaux des communes qu'ils possèdent dans l'étendue de leurs seigneuries et les mettre à l'aumône ; ce qui serait d'une très périlleuse conséquence, non seulement à l'égard du public, mais même pour les droits de Votre Majesté, étant certain que ces habitants, qui pour la plupart ne subsistent que par le moyen de leurs bestiaux, notamment dans ladite vicomté d'Auge qui est un pays de pâturage, non seulement demeureraient sans subsistances, mais même seraient hors d'état de pouvoir payer les tailles, les subsistances et sel, et autres impositions ; ce furent ces considérations qui portèrent Sa Majesté de les établir de plein droit dans la possession de leurs communes, bien que vendues, échangées, usurpées ; à plus forte raison ne peuvent-ils être *dépouillés* de cette possession lorsqu'elle est constante et immémoriale, et qu'elle est soutenue *par les titres mêmes dudit sieur de Montataire ;* il a communiqué une ordonnance du sieur Leblanc, ci-devant commissaire départi en la généralité de Caen, du 12 février 1681, par laquelle il fut déchargé d'une taxe de trois mille livres à lui demandées pour le huitième denier, à cause de l'usurpation par eux faite de six acres des communes sur les habitants de la paroisse de Tourgéville ; mais cette ordonnance ne lui peut de rien servir dans la question présente : les suppliants n'ayant aucun intérêt ; s'il a été déchargé, c'est qu'on n'a pas pu prouver contre lui qu'il ait fait ladite usurpation, ou que les habitants de ladite paroisse ne se sont pas défendus.

« Il ne sera pas mieux fondé en la forme, comme les suppliants le vont faire connaître par le détail de la procédure.

« Lesdits habitants voyant les violences contr'eux commises et l'enlèvement de leurs bestiaux avec excès et outrages, surpris du procédé si extraordinaire, ils convoquèrent une assemblée générale au son de la cloche, en présence du sieur curé de ladite paroisse, le 15 février 1693, en laquelle il fut arrêté qu'ils en porteraient leurs plaintes en la maîtrise des Eaux et Forêts de ladite vicomté d'Auge, comme d'un fait qui regarde leur compétence ; ils expliquèrent leur droit et leur possession par cette requête, firent voir les taxes par eux payées depuis un siècle, pour y être maintenus, et conclurent à ce que défenses fussent faites de les troubler dans l'exercice de leur droit ; et qu'attendu la saison pressante il leur fût permis de continuer d'y mettre pâturer leurs bestiaux pour en éviter le dépérissement, demandant sur cela l'adjonction du sieur procureur du Roi en ladite maîtrise ; sur laquelle requête lesdits officiers ayant accordé aux suppliants ladite commission, ils la firent signifier audit sieur de Montataire, le 1er mai de ladite année 1693, avec assignation audit siége. Mais ledit sieur de Montataire voyant qu'il ne pouvait soutenir un interrogatoire, et ne pouvant rien obtenir de raisonnable à une demande si juste, il en voulut traverser la poursuite, et ne se présenta audit siége que pour y proposer son déclinatoire et demander son renvoi aux requêtes de l'Hôtel, à Paris, en vertu de son prétendu *committimus ;* mais le procureur de Sa Majesté s'étant déclaré partie pour l'intérêt public, et ayant requis que sans préjudicier aux droits desdits partages au principal, elles eussent à lui communiquer leurs titres et pièces, et qu'il fût cependant informé desdites violences et outrages commis auxdits habitants, n'empêchassent que par une provision ils fussent envoyés en possession desdites communes, intervint la sentence du 5 dudit mois de mai, par laquelle, conformément au réquisitoire dudit procureur du Roi, ladite communication de titres fut ordonnée, et cependant permis auxdits habitants *de jouir* desdites communes de la manière, et de faire informer desdites violences et outrages.

« Par la lecture de cette sentence, le Conseil connaîtra qu'elle a été rendue sur la seule poursuite desdits habitants en général, conséquence de leurs délibérations. Cependant voici qu'elle a été la conduite dudit sieur de Montataire pour les embarrasser et les engager dans des procès indéfinis pour les réduire à la nécessité de lui abandonner lesdites communes. — Il présenta requête au Conseil, le 23 dudit mois de mai, dans laquelle il exposa contre la vérité qu'il n'avait point d'autre partie audit siége des Eaux et Forêts que lesdits Dubosc et Saucisse , quoique la requête fut présentée au nom seul desdits habitants, en conséquence de leur délibération, et que la sentence ait été rendue à leur profit commun sur la poursuite desdits Dubosc et Saucisse, leurs procureurs ; et sur cette requête surprit arrêt au Conseil, le 23 dudit mois de mai, portant qu'aux fins d'icelle lesdits Dubosc et Saucisse y seraient assignés en réglement de juges d'entre lesdits juges des Eaux et Forêts et les Requêtes de l'Hôtel, et cependant sursis à l'exécution de ladite sentence ; et au lieu de faire signifier ledit arrêt auxdits habitants en général, et les faire assigner comme ses véritables parties , il a fait quatre démarches différentes et irrégulières. La première a été de faire postérieurement assigner lesdits habitants auxdites Requêtes de l'Hôtel, en vertu de sondit *committimus*, par exploit du 7 juin en suivant, pour se voir condamner à lui payer le dommage prétendu fait par leurs bestiaux dans lesdites communes au préjudice de la défense qu'il leur avait fait de les y mettre par son acte du 14 avril précédent ; la seconde, de faire publier ledit arrêt du Conseil à la sortie de l'église de ladite paroisse Deauville par exploit du 14 dudit mois de juin, et le faire afficher à la porte de ladite église à ce qu'ils y contrevenir.

« La troisième, de le faire signifier auxdits habitants par autre exploit du même jour, à ce qu'ils n'eussent à faire pâturer, à l'avenir, leurs bestiaux dans lesdites communes, au préjudice des défenses portées par ledit arrêt du Conseil, à protestation de prendre main-forte et s'opposer à leur entreprise, sans leur avoir fait donner aucune assignation au Conseil.

« Et la quatrième a été de faire aussi signifier ledit arrêt auxdits Dubosc et Saucisse, avec assignation à eux seuls audit Conseil, pour être réglés de juges d'entre ledit siége des Eaux et Forêts et les Requêtes de l'Hôtel.

« Ils auraient pu demander au Conseil d'être chargés de cette assignation, attendu qu'ils n'étaient pas partie en leur particulier, mais seulement sous le nom collectif desdits habitants dans ladite sentence des Eaux et Forêts. Mais comme ils auraient intérêt, tant pour eux que pour la communauté, qui s'est rendue partie intervenante en ladite instance du Conseil, de faire cesser l'oppression qui leur est faite, c'est pour cela qu'ils ont conclu, comme les suppliants, à leur renvoi devant leurs juges naturels, qui sont les Officiers de ladite maîtrise ; si mieux il ne plaît à Votre Majesté, par un effet de sa prudence ordinaire, prendre connaissance de ce fait, et les maintenir dans leurs communes.

« Après cette intervention des suppliants au Conseil, ils y ont présenté leur requête pour être reçus opposants à l'exécution dudit arrêt, en ce qui regardait les défenses y contenues, dont ledit sieur de Montataire n'avait pas manqué aussitôt de se prévaloir, en faisant publier et afficher ledit arrêt en ladite paroisse Deauville pour intimider les suppliants et leur empêcher de mettre leurs bestiaux dans leurs dites communes, si le Conseil avait entendu les lui accorder par provision, au préjudice de la possession immémoriale des suppliants, et c'est sur quoi ils l'ont eux-mêmes demandée, par leur requête incidente. Quant à la question du réglement de juges, il est aisé de faire voir que ledit sieur de Montataire y est entièrement mal fondé, et qu'il ne peut traduire cette communauté auxdites Requêtes de l'Hôtel sur le fait dont il est question, au préjudice de leurs juges naturels.

« Ledit sieur de Montataire se dit piqueur au vol de la corneille de la grande fauconnerie de France, et, en vertu d'un *committimus* qu'il a obtenu cette qualité, il prétend attirer toute une communauté d'habitants aux Requêtes de l'Hôtel pour les faire évincer *d'un droit d'usage dont ils jouissent depuis quatre ou cinq cents ans* dans des communes qui leur appartiennent et dans la *jouissance* desquelles Votre Majesté les a maintenus.

« Premièrement les suppliants prétendent que quand bien même ledit sieur de Montataire aurait un droit légitime de *committimus*, il ne s'en pourrait pas servir en cette occasion *où il s'agit d'obliger lesdits habitants à quitter la possession d'une commune qui leur appartient suivant leurs titres et même suivant ceux dudit sieur de Montataire*, — L'art. 24 du titre des *committimus* l'a ainsi déterminé en disant qu'il ne pourra avoir lieu, pour passer déclarations, ou titre nouvel de censives ou rentes foncières, ni pour paiement d'arrérages qui en seront dus, ni aux fins de quitter la possession d'héritages ou immeubles, ni pour élections, tutelles, curatelles, scellés, inventaire, acceptation de garde noble ou pour matière réelle.

« Le sieur de Montataire ne manquera pas de dire que l'assignation qu'il a fait donner aux suppliants aux Requêtes de l'Hôtel, n'est pas pour lui quitter la possession desdites communes, mais seulement pour se voir condamner en des dommages-intérêts pour y avoir fait pâturer leurs bestiaux au préjudice des défenses qui leur en avaient été faites par exploit du 14 avril dernier, et voir dire que les bestiaux par eux saisis seront vendus pour le paiement desdits dommages et intérêts; mais ce serait une pure illusion, parce qu'il est prouvé, et il convient lui -même que de temps immémorial, ils sont en possession desdites communes; elles leur ont été amorties par Votre Majesté; ils ont payé une infinité de taxes pour y être maintenus; ainsi quand ledit sieur de Montataire leur fait défense de son autorité d'y mettre leurs bestiaux et de se départir de la *jouissance* d'icelles, et qu'il les fait assigner enfin pour se voir condamner en des dommages-intérêts pour y avoir envoyé au préjudice desdites défenses, Votre Majesté jugera si ce n'est pas le cas de l'exception portée par l'article, puisque c'est rendre les Requêtes d'Hôtel juges de la prétention dudit sieur de Montataire de les obliger de quitter ces possessions desdites communes.

« C'est ce que M. Philippe Bernier, commentateur de la nouvelle ordonnance de Votre Majesté, a expliqué dans son commentaire sur ledit article, où il dit expressément que la demande en désistement d'immeubles n'est point sujette à évocation en vertu d'un *committimus;* que cela est conforme aux anciennes ordonnances et a lieu en quelque manière que la demande soit conçue ou formée; que c'est une action revendicatoire, laquelle ne peut être formée que devant le juge du domicile du défendeur ou devant le juge du lieu où la chose contentieuse est située, suivant la loi finale, *C. ubi in rem actio ;* que si ces sortes d'actions étaient sujettes à évocation, ce serait engager les parties en des frais très considérables, à quoi les suppliants pourraient encore ajouter que le procureur de Votre Majesté s'étant rendu partie pour l'intérêt public et la sentence des Eaux et Forêts ayant été rendue sur son seul réquisitoire, s'agissant d'ailleurs d'une commune qui est un bien dont jouissent lesdits habitants sous la protestation de Votre Majesté, à laquelle ils ont payé tant de taxes pour y être maintenus. Cette question peut encore tomber dans le cas de la prohibition portée par l'art. 25 du même titre.

« Mais si ledit sieur de Montataire est mal fondé à se servir de son *committimus* pour une action de cette qualité, quand bien même il se serait pourvu le premier auxdites Requêtes de l'Hôtel, comme non, il l'est encore beaucoup plus à le faire, lorsqu'il s'agit d'attirer auxdites Requêtes une action dont les juges des Eaux et Forêts étaient déjà saisis, et dont ils sont compétents par une attribution particulière et naturelle, puisqu'en ce cas le *committimus* ne peut avoir de lieu en ce rencontre; en vain ledit sieur de Montataire allègue l'art. 10 de l'ordonnance des Eaux et Forêts de l'année 1667, titre de la juridiction.

« Lorsque les suppliants se sont [pourvus en la maîtrise des Eaux et Forêts, par leur requête du 27 avril 1693, il ne s'agissait que d'une violence contre eux, commise par la saisie de leurs bestiaux, que ledit sieur de Montataire avait fait prendre dans leurs communes de sa seule autorité, jusqu'alors il n'y avait point de procès intenté par ledit sieur de Montataire. Il s'agit donc d'examiner s'ils ont eu raison de porter cette plainte à la maîtrise des Eaux et Forêts, et c'est ce qui ne peut recevoir la moindre difficulté, puisque c'est une compétence que Votre Majesté leur a donnée par la même ordonnance des Eaux et Forêts de l'année 1669, art. 2 du même titre de la juridiction, qui déclaré faire partie de la matière qui leur est attribuée, toutes questions qui seront mues pour raison des forêts de Sa Majesté, usufruit et par indivis, usages, communes, landes, marais pâtis, pâturage, etc......, et sous le titre des bois, prés, marais, pâtis et autres appartenant aux communes et aux habitants des paroisses, art. 19, 20, 21 et 22, et plusieurs autres de la même ordonnance.

« Mais si cette juridiction est suspecte audit sieur de Montataire, il n'a qu'à consentir l'alternative des Conclusions des suppliants à la retention au Conseil et au renvoi devant le sieur Commissaire départi par Sa Majesté en la généralité de Rouen, devant lequel les uns et les autres pourront représenter leurs titres, suivant l'édit de 1667 produit en l'instance.

Il affecte la juridiction des Requêtes de l'Hôtel, parce qu'il sait que cette malheureuse commune aimerait mieux tout abandonner, n'étant pas en pouvoir de venir poursuivre un procès de cette qualité à 50 lieues de leur pays, et ce n'est pas en effet l'intention de Votre Majesté, ainsi qu'elle l'a bien marqué par ledit édit de 1667.

« Ledit sieur de Montataire a déjà forcé cinq ou six malheureux, dont il avait fait prendre les bestiaux, de signer qu'ils renoncent à ladite commune pour obtenir la restitution des bestiaux ; mais dans le nombre, il n'y a aucun propriétaire d'héritages, et toute la communauté les a désavoués ; ce sont des misérables qui étaient ruinés, si on leur avait ôté leurs bestiaux, et qui se soumirent à tout pour les retirer ; ce qui ne peut être tiré à conséquence contre toute une communauté dont les délibérations sont bien contraires.

« Et, de là, on peut juger quelle justice il y a dans les prétentions dudit sieur de Montataire, et de celle que cette malheureuse communauté pouvait espérer contre lui dans une juridiction étrangère où ils ne connaissent personne, et qui, n'ayant pour la plupart de pain pour vivre, ne seraient pas en état de fournir aux frais d'un procès de cette qualité, qui pourrait avoir des suites par des informations et autres procédures qui pourraient être jugées nécessaires.

A ces causes, Sire, plaise à Votre Majesté donner acte aux suppliants de ce que pour contredits à la requête dudit sieur de Montataire, servant d'avertissement en ladite instance, et aux pièces par eux communiquées, ils emploient le contenu en la présente requête avec ce qu'ils ont écrit et produit en l'instance de leurs requêtes respectives ; et, en conséquence, leur adjuger leurs fins et conclusions soit pour le renvoi en ladite maîtrise des Eaux et Forêts de la vicomté d'Auge, soit pour la rétention au Conseil ; si mieux il ne plût à Votre Majesté, conformément audit Édit de 1667 produit par les suppliants, les renvoyer pardevant le sieur Commissaire départi par Votre Majesté, en la généralité de Rouen, pour lui représenter leurs titres de part et d'autre, et sur iceux leur être par lui pourvu ou donné son avis à Votre Majesté pour en ordonner selon sa justice ; le tout sans préjudice de la provision demandée par les suppliants, et condamner le sieur de Montataire aux dépens, et ils continueront leurs vœux et prières pour la santé et prospérité de Votre Majesté , signé : MARTEL.

31. La contestation fut terminée par une sorte d'arrêt placité, du 22 septembre 1693. Le marquis de Montataire, en produisant les quatre aveux, se condamnait lui-même. Il établissait, il est vrai, son droit à la propriété des marais, mais, en même temps, il constatait celui des habitants à leur usage ; il consentit donc à ce qu'un arrêt maintînt les habitants en *jouissance* comme par le passé. Et comme, non-seulement les habitants n'avaient pas intérêt à faire décider la question de propriété tréfoncière, mais que jamais ils n'avaient eu intention de la soulever, l'arrêt, même avec son caractère provisoire, leur donnait pleine satisfaction et gain de cause, relativement à la *jouissance* des prés-marais (1).

(1) EXTRAIT DES REGISTRES DU CONSEIL PRIVÉ DU ROI.

Arrêt du Conseil du 22 septembre 1693.

« Veu au conseil du Roy les requêtes respectivement présentées en iceluy, la première par les habitants en général de la paroisse de Deauville, vicomté d'Auge, et la seconde par messire Louis de Madaillan de Lesparre , chevalier, seigneur de Montataire, de Montcanisy , Bénerville, Deauville, Tourgéville et autres lieux en Normandie ; celle desdits habitants tendante , pour les causes et moyens y contenus , il plût à Votre Majesté les recevoir opposants à l'exécution de l'arrêt du conseil du 23 mars 1693 , faisant droit sur leur opposition,

On voit que cet arrêt maintient les choses *in statu quo*, sans que personne cède de ses droits. Les habitants ne réclamaient

en exécution de leurs titres et leur possession immémoriale, sans s'arrêter audit arrêt du conseil et aux défenses y contenues, et conformément à la sentence contradictoire de la maîtrise des eaux et forêts de la vicomté d'Auge, du 5 mai 1693 ; ordonner que les habitants continueront de jouir de leurs communes, ainsi et en la manière qu'ils ont fait par le passé, et que l'information ordonnée par ladite sentence sera continuée, faire défense audit sieur de Montataire de les troubler ni inquiéter en la jouissance de leurs dites communes, ni faire aucunes poursuites aux Requêtes de l'Hôtel, jusqu'à ce qu'autrement, et par Sa Majesté, en ait été ordonné, la requête signée Martel, avocat au conseil, et desdits habitants, au bas de laquelle est l'ordonnance du conseil : Soit la requête communiquée pour y fournir de réponses dans trois jours du 31 juillet 1693, signifiée à Me Perrin, avocat, ledit jour. Celle dudit sieur de Montataire contraire, tendante aussi à ce que pour les moyens et causes y contenues, il plût à Sa Majesté lui donner acte de ce que pour réponse à la requête desdits habitants du 31 juillet, il employait le contenu en ladite requête, et de ce que, sans préjudice des droits des parties au principal, il *consent que lesdits habitants de Deauville fassent pâturer* leurs bestiaux dans les prés ou dunes en question, à la caution des sieurs Dubosc et Saucisse, pour sûreté de la restitution des dommages-intérêts prétendus par ledit sieur de Montataire, et faute par eux d'accepter lesdites offres trois jours après la signification qui leur sera faite, au domicile de leur avocat, de l'arrêt qui interviendra sur ladite requête, les débouter de celle qu'ils ont présentée au conseil, ledit jour 31 juillet dernier, et les condamner aux dépens, ladite requête signée Perrin, avocat au conseil dudit sieur marquis de Montataire, au bas de laquelle est l'ordonnance du conseil et acte de l'emploi ; au surplus, en jugeant sera fait droit et soit signifié du 17 août 1693. Signifié le même jour à Me Martel, avocat. Production desdits habitants, contenant leur requête du 13 juillet 1693 ;—saisie faite le 30 octobre 1636, à la requête du procureur du Roy, de la commission des francs-fiefs et nouveaux acquêts de Normandie, des communes, landes, bruyères, marais, droits, usages et libertés, circonstances et dépendances, appartenants aux paroissiens de Deauville, établissement de commissaire et assignation auxdits habitants à comparoir pardevant ledit commissaire de la ville de Rouen, en la salle des Carmes, pour voir dire que le revenu desdites choses saisies sera et demeurera réuni au domaine du Roy, pour n'avoir

que *des usages*, comme nous allons le montrer, — ils étaient satisfaits de ce qu'on leur laissait une *jouissance* tranquille, et M. de

satisfait à l'ordonnance desdits sieurs commissaires, et apporté au bureau établi
en la ville de Pont-l'Evêque, l'état et déclaration au vrai de la valeur
et revenu desdites choses saisies ; — extrait du rôle des taxes faites le
12 janvier 1637 *sur le fait des francs fiefs et nouveaux acquêts* du ressort du Parlement de Normandie, par lequel les habitants de ladite paroisse de Deauville, à cause de leur *commune*, ont été taxés à la somme de
cent livres, et dix livres pour les deux sols pour livre, laquelle taxe a été signifiée
auxdits habitants, et commandement à eux fait de payer ladite somme,
—copie collationnée d'une quittance du 8 juin 1637, par laquelle le nommé
Roy, commis à la recette *des francs fiefs et nouveaux acquêts* du Pont-
l'Evêque, a reçu des habitants de Deauville, par les mains de Jacques
Lebas, la somme de quarante livres sur et en déduction des taxes, à cause
de leurs *communes*; — quittance du 15 juin 1637, signée A. B. Roy, commis
à la recette *des francs fiefs et nouveaux acquêts* dus à Sa Majesté dans le
ressort du Parlement de Normandie, par laquelle il a reçu des habitants
de Deauville quarante livres pour la *jouissance* par eux faite sans le congé
et licence du Roi ou ses prédécesseurs, des *communes* de ladite paroisse ;—
copie collationnée d'une quittance du 24 octobre 1640, par laquelle le nommé
Pascal a reçu des habitants de Deauville la somme de cent livres à déduire
sur ce que lesdits habitants doivent *pour le droit d'amortissement ;* — autre
copie collationnée d'une quittance du 8 juin 1641, par laquelle ledit Pascal
a reçu des habitants de Deauville, à bon compte, la somme de quatre-
vingts livres sur ce qu'ils doivent pour le droit *d'amortissement;* — copie
collationnée d'une autre quittance du 14 janvier 1642, par laquelle ledit
Pascal a reçu desdits habitants de Deauville 117 livres à bon compte sur
ce qu'ils doivent pour le droit d'amortissement; — quittance du 27 septembre 1655, par laquelle Adam Lemaréchal, commis à la recette des *droits*
et *francs fiefs, nouveaux acquêts et reste des amortissements,* en la province
de Normandie, en exécution de la déclaration du Roy, du 29 décembre 1652,
a reçu des habitants de Deauville 54 livres 9 sous, à laquelle monte le
sixième et deux sols pour livre d'icelui, de la somme de 297 livres ci-devant
passée par lesdits habitants pour lesdits droits d'amortissement, auquel sixième
et deux sols pour livre d'icelui, Sa Majesté a réduit et modéré ce qui pouvait
leur être demandé pour le droit de nouveaux acquêts échu depuis l'an-

Montataire avait bien vite senti tout ce qu'il y avait d'excessif dans la prétention de les troubler dans leur *jouissance*. Ce caractère de l'arrêt a été reconnu par le jugement dont est appel.

née 1633 jusqu'au jour du paiement qu'ils ont fait du droit d'amortissement ; — certificat du 9 janvier 1674, signé Ridols, commis pour Sa Majesté à la recette générale des amortissements, par lequel il atteste qu'au compte qu'il a ci-devant rendu de ladite recette en la Chambre des comptes de Paris, pour la généralité de Rouen, dès le 25 juin 1648, il a fait recette de la somme de 270 livres, et 27 livres pour les deux sols pour livre des habitants de Deauville de la généralité de Rouen, en l'élection du Pont-l'Evêque, pour le bien qu'ils possèdent suivant la taxe sur eux faite en la chambre sou-veraine des amortissements, au rôle du 30 août 1640 ; — copie collation-née d'une quittance du 30 mars 164... — par laquelle il paraît que lesdits habitants de Deauville ont payé au trésorier des parties casuelles la somme de 30 livres à laquelle ils avaient été taxés au conseil du Roy, pour le droit de confirmation dû à Sa Majesté à cause de son avénement à la couronne, pour les marais et biens qu'ils possèdent en commun, suivant la dé-claration du 24 octobre 1649, extrait du rôle des taxes faites au conseil du Roi, du 29 juillet 1673, pour les droits de francs fiefs, affranchissement d'iceux et nouveaux acquêts, dans l'étendue de la province de Normandie, généralité de Rouen, par lequel appert lesdits habitants de Deauville, à cause d'une pièce de terre par eux possédée en commun, *pour en jouir* comme dessus, paieront 300 livres et les 2 sols pour livre ; — comparution au greffe du sieur intendant de la généralité de Rouen, le 1er décembre dudit an, de Guillaume Fouque, pour les habitants de Deauville ; ordonnance du sieur intendant de Rouen, du 9 dé-cembre de la même année, que dans un mois lesdits habitants représenteront et communiqueront au sieur Viallet une quittance du sieur Ridou du droit d'amor-tissement par eux payé en l'année 1642 ; autre ordonnance dudit sieur intendant, du 19 janvier 1674, par laquelle en conséquence du certificat dudit sieur Ridou, du 9 dudit mois de janvier, et de la déclaration desdits habitants que, depuis l'amortissement de 1640, ils n'ont fait aucune acquisition en commun, il décharge lesdits habitants de la taxe sur eux faite le 29 juillet 1673 ; — édit portant pouvoir aux communautés de rentrer dans *leurs usages,* avec défense de saisir leurs bestiaux, en date du mois d'avril 1667 ; — assemblée générale des-dits habitants de Deauville, du 19 février 1693, touchant le procès qu'ils ont contre le sieur de Montataire, pour les défenses et conservation de leurs com-

« L'arrêt, dit-il, n'a modifié en rien les droits des parties; il a
« simplement reconnu la jouissance des habitants de Deauville. »—

munes; — autre assemblée générale desdits habitants, du 5 mai 1693, par laquelle ils constituent les personnes de M⁰ Thomas Dubosc et Gabriel Saucisse,
pour suivre ladite affaire par devant les juges des Eaux et Forêts de Pont-l'Evêque ; — sentence contradictoire de la maîtrise des Eaux et Forêts de Pont-l'E-
vêque, du 5 mai 1693, entre lesdits paroissiens de Deauville et le sieur de Montataire, sur les conclusions du procureur du Roi audit siége, qui ordonne que les
parties communiqueront leurs pièces audit procureur du Roi, pour en venir à
quinzaine, et cependant, sans préjudicier à leurs droits au principal, permet
auxdits habitants par provision de jouir de leurs communes, et de faire informer
par devant ledit juge des mauvais traitements à eux commis; — copie signifiée de l'arrêt du conseil du 23 mai 1693, obtenu sur la requête dudit
sieur de Montataire, par laquelle requête il conclut à ce que, sans avoir égard à
la sentence du maître particulier des Eaux et Forêts d'Auge, qui sera cassée et
annulée, renvoyer les parties aux Requêtes de l'Hôtel pour y procéder sur les
demandes que ledit sieur de Montataire y a portées en vertu de son *committimus*, suivant les derniers errements ; et, pour la mauvaise contestation
faite, sous le nom des habitants, par lesdits Dubosc et Saucisse, les condamner en leur nom au coût de l'arrêt, lequel arrêt ordonne qu'aux fins
de la requête, lesdits Dubosc et Saucisse seront assignés au conseil en réglement de juge, entre les Requêtes de l'Hôtel et le maître des Eaux et Forêts d'Auge, et cependant sursis à l'exécution de la sentence dudit juge,
du 5 mai dernier, jusqu'à ce qu'autrement, par Sa Majesté, il en ait été
ordonné, au bas de laquelle copie de l'arrêt est l'assignation qui a été donnée
en icelui, le 9 juin 1693, audit Saucisse, copie de ce *committimus* dudit sieur
de Montataire, du 19 avril 1693, en qualité de *piqueur au vol de la corneille,
en la Grande Fauconnerie de France*, au bas duquel est l'assignation donnée
aux Requêtes de l'Hôtel, le 7 juin 1693, aux habitants de Deauville, à la requête dudit sieur de Montataire ; — *acte d'assemblée desdits habitants*, du 14
juin 1693, qui donne pouvoir audit sieur Dubosc de se transporter à Paris,
consulter l'affaire et faire toutes les poursuites et diligences nécessaires pour
les faire maintenir en la *possession et jouissance* desdites communes, consentant tous de contribuer aux frais qui seront nécessaires pour cet effet;—requête
d'intervention desdits habitants, du 30 juillet 1693, signifiées ledit jour à

Cela est vrai, mais n'est-on pas surpris, en lisant dans un autre endroit, que « l'arrêt de 1693 peut être considéré comme *une* « *transaction* entre le seigneur et les habitants..... » Comment un arrêt qui maintient provisoirement les droits de chacun, tels qu'ils existaient dans le passé, peut-il être une *transaction*? Il est fâcheux

Mᵉ Perrin, avocat ;—écriture du 18 août 1693 des habitants, servant de réponse à ladite requête dudit de Montataire, du 18 dudit mois d'août ;—inventaire de production des pièces desdits habitants, produit au greffe du Conseil en l'instance de requêtes respectives, le sommant d'en faire de semblables, signifié à Mᵉ Perrin, avocat, ledit jour le 21 dudit mois d'août ;—production dudit sieur de Montataire, contenant sadite requête dudit jour 17 août 1693 ;—sentence des Eaux et Forêts du Pont-l'Evêque, le 5 mai 1693 ;—procès-verbal de saisie, faite le 28 avril 1693, des bestiaux desdits habitants, à la requête du sieur de Montataire, au bas de laquelle est la susdite assignation, donnée aux habitants, aux Requêtes de l'Hôtel, le 19 avril 1693, à la requête dudit sieur de Montataire ;—ordonnance du sieur Leblanc, conseiller du Roi, en ses conseils, Maître des requêtes ordinaires de son Hôtel, intendant de la généralité de Rouen, du 12 février 1681, qui décharge ledit sieur de Montataire de la taxe de 3,000 liv. contenue au rôle arrêté au Conseil, le 10 août 1680, avec défenses à M. Pierre Des Essarts, chargé par Sa Majesté du recouvrement du huitième des biens aliénés, et usurpés sur les communautés laïques depuis l'année 1555, de faire aucune poursuite à l'encontre de lui pour raison de ce ; — copie collationnée d'un susdit arrêt du Conseil, du 23 mai 1693, obtenu par ledit sieur de Montataire ;—inventaire de production des pièces dudit sieur de Montataire au greffe, le 21 août 1693, et tout ce qui a été écrit et produit par lesdites parties, pardevant le sieur de Nothon, conseiller de Sa Majesté auxdits conseils, maître des requêtes ordinaires en son Hôtel, commissaire à ce député, ouï son rapport et le tout considéré, *le Roy en son conseil, faisant droit sur les requêtes respectives du consentement des parties, sans préjudice de leurs droits au principal ni à l'instance en règlement de juges, a ordonné et ordonne que les habitants de Deauville jouiront des terres et herbages en question, le tout ainsi qu'ils ont fait par le passé, en payant les droits accoutumés audit sieur marquis de Montataire, dépens réservés entre les parties.*

Fait au conseil privé du Roy, tenu à Paris, le 22 septembre 1693, signé : TELLIER, avec paraphe.

de voir se glisser de pareilles erreurs dans des décisions qui statuent sur des intérêts aussi importants.

32. Arrêtons-nous un instant, il le faut, sur la pièce capitale de cette procédure, la requête des habitants de Deauville du 4 septembre 1693. Ainsi que nous l'avons dit, elle nous paraît trancher complètement la question.

L'arrêt, en maintenant les habitants dans leur *jouissance*, ne leur a pas accordé moins qu'ils ne demandaient. Jamais, en 1693, ils n'ont prétendu à autre chose devant le conseil du Roi qu'à des *droits d'usage*, qu'à une *jouissance*, et suivant la vieille expression dont le sens n'était pas encore altéré, qu'à une *commune*. Libre à ceux qui n'ont jamais tenu une charte, ni feuilleté un texte antérieur au XVI<sup>e</sup> siècle, de croire que le mot *commune* signifie une *propriété*, et que la revendication d'une *commune* s'entend de la revendication de la *propriété*. Nous croyons avoir démontré qu'au moyen-âge, — et surtout dans la Basse-Normandie, — le mot *commune* n'a jamais signifié qu'un *droit d'usage*, et nous pensons qu'on ne sera pas tenté de nous contester de nouveau ce point. Lors donc que les habitants, dans leur requête, disent « *qu'ils sont en possession de leurs communes, — que cette possession est prouvée par les taxes qu'ils ont payées pour être maintenus dans la propriété de leur commune,* » ils entendent si bien des *droits d'usage*, selon la langue juridique de leur temps, que leurs défenseurs de première instance n'étaient pas obligés de connaître, que dans la page suivante ils s'en expliquent en ces termes : « *le sieur de Montataire ne peut priver* « *les habitants de leurs usages, et la jouissance de leurs communes* « *leur appartient incontestablement.* »

Pour eux, *usages* et *commune* c'est tout un. Citons encore :

« ... UNE COMMUNE *qui leur appartient, dont ils jouissent à titre onéreux.* »

« *Le seigneur a pu déclarer aux habitants de Deauville qu'il n'entendait plus leur permettre* L'USAGE DESDITES COMMUNES *et nais.* »

« *Il n'y aurait point de seigneurs qui ne pussent dépouiller leurs vassaux des* COMMUNES *qu'ils possèdent dans l'étendue de leur seigneurie.*

« *Le sieur de Montataire prétend attirer toute une communauté d'habitants aux requestes de l'hostel pour les faire évincer* D'UN DROIT D'USAGE DONT ILS JOUISSENT DEPUIS QUATRE OU CINQ CENTS ANS *dans des communes* QUI LEUR APPARTIENNENT. »

N'est-il pas évident, quand on lit de bonne foi ces différents passages, que pour les habitants de Deauville l'expression *commune* n'a pas le sens de terrain possédé en toute propriété, et qu'ils n'entendent réclamer *qu'un droit d'usage*, comme aussi M. de Montataire n'a entendu contester *qu'un droit d'usage?*

Dans le système de nos adversaires, le dernier passage que nous venons de citer constituerait une logomachie et une absurdité révoltantes. Les habitants ne veulent pas se laisser évincer *d'un droit d'usage dont ils jouissent dans des communes qui leur appartiennent;* traduction fidèle : *d'un droit d'usage dont ils jouissent dans leur propriété.* Les communes actuelles devraient avoir plus de respect pour le bon sens et la science des avocats qui défendaient leurs auteurs au XVII° siècle, et ne pas supposer que M° Martel ait pu commettre une faute aussi grossière contre la règle *nemini res sua servit* (1).

Enfin, ce qui lève toute espèce de doute, s'il pouvait y en avoir, ce sont les paroles suivantes des habitants :

« *Les habitants sont seulement obligés de lui donner entre la*
« *my-mars et la my-avril un estat et déclaration des bestes qu'ils*
« *mettent pasturer ès-dits netz (nais) et communes,* COMME IL SE

_____________

(1) Dans le passage que nous analysons, le mot *commune* ne doit pas s'entendre du droit d'usage lui-même, mais de l'assiette du droit.

« PRATIQUE A L'ÉGARD DES USAGES ÈS FORESTS *de Vostre Majesté* ,
« *suivant l'article 2 du titre des droits de pasturage et panage*
« *de l'ordonnance des Eaux et Forests de l'année* 1669... »

On voit que les habitants se comparent aux usagers des forêts
royales, bien qu'il y eût entr'eux et ces derniers une différence
dans la manière de payer la redevance.—Ce qui est capital, c'est
cette assimilation complète entre les paroissiens de Deauville et
les usagers des forêts, faite par eux-mêmes, librement, dans l'intérêt de leur cause, par l'organe indépendant et éclairé de leur
avocat, laquelle repousse invinciblement l'idée qu'ils plaident devant le Conseil pour un droit de propriété tréfoncière.

33. Non-seulement, à cette époque de 1693, les habitants de
Deauville étaient de bonne foi et ne combattaient que pour des
droits d'usage qu'on leur contestait injustement, mais il leur eût
été impossible d'agir autrement, et ils l'ont formellement, et à
différentes reprises, reconnu dans leur requête. Leur première
réponse, le premier mot de leur défense à l'action du marquis
de Montataire, est ceci : « Nous nous servons de vos propres
« titres contre vous-même , » et ces titres, c'étaient les quatre
aveux ci-dessus transcrits. Ils citent et copient avec insistance
l'aveu de 1575, où se lisent ces paroles :

« *Item nous appartient les dunes, nais et communes ès pa-*
« *roisses de Deauville, Tourgéville et Bénerville.* »

Ils s'approprient cet aveu et les autres dans tout leur con-
texte, en déclarant que :

« *Les pièces mêmes dont se sert ledit sieur de Montataire,*
« *décident contre lui et servent* A ÉTABLIR LE DROIT DES SUP-
« PLIANTS SUR LES COMMUNES EN QUESTION..... »

« *Qu'ils n'ont pas besoin d'autres titres que de ceux qui leur*
« *ont été communiqués;* »

« *Que le sieur de Montataire ne possède son fief qu'à cette*
« *condition exprimée de ses adveux, qui font sa loi.* »

Et plus loin, ils parlent de « *la possession d'une commune*
« *qui leur appartient suivant leurs titres et même suivant ceux*
« *du sieur de Montataire.* »

Ainsi, les habitants de Deauville s'emparaient des aveux, se
les appropriaient pour gagner leur procès ; ils constataient
donc que la question était tranchée par le texte même de ces
aveux qui leur reconnaissaient *des droits d'usage, mais rien que
des droits d'usage*, et de ces titres produits par leur adversaire,
fort inconsidérément d'ailleurs, ils faisaient leurs titres propres.
—Auraient-ils pu, le lendemain de leur requête, se donner un démenti solennel, et répudier des titres qui les avaient protégés et
qu'ils avaient librement adoptés ? Auraient-ils pu dire : ces actes
nous sont étrangers, nous ne sommes pas liés par leur texte ?
Évidemment non. Quelle que fût en elle-même la force probante des
aveux considérés comme titres particuliers du seigneur et du vassal, les aveux avaient revêtu un nouveau caractère ; ils liaient les
habitants, parce que ceux-ci en avaient fait leurs titres, et ils ne
pouvaient désormais les scinder, en prendre quelques expressions,
en rejeter quelques autres. Ils n'y avaient d'ailleurs pas pensé
dans leur requête ; il acceptaient les aveux tout entiers comme pro-
tecteurs de leurs droits d'usages, les seuls auxquels ils crussent
alors ; ils les acceptaient aussi comme consacrant le droit de propriété du seigneur tréfoncier, qu'ils n'entendaient point contester.
— Ce que les habitants de Deauville n'auraient pas pu faire, en
1694 par exemple, après leur requête de 1693, le pourront-ils aujourd'hui, en démentant leurs ancêtres, en brisant leurs traditions ?
On ne saurait sérieusement le soutenir. Leur déclaration du 4 septembre 1693 émane de leurs légitimes représentants, les sieurs
Dubosc et Saucisse, délégués par l'assemblée générale des habitants
du 15 février 1693. La communauté actuelle est aux droits de
l'ancienne communauté ; elle est complètement son ayant-cause ;

elle n'a que les droits qu'avait la paroisse agissant, et près de deux siècles écoulés « ne font rien à l'affaire. »

Ainsi tombe toute l'argumentation du tribunal de Pont-l'Evêque sur la valeur relative et restreinte des aveux ! En soi ces aveux feraient pleine foi contre les tiers y dénommés ; mais, de plus, ils sont devenus les titres de la commune de Deauville dans leur entier, — *quod produco non reprobo ;* — et la commune, en 1693, a jugé elle-même la nature de son droit, en ne réclamant que *des usages* dans un langage et avec des termes que nous croyons avoir suffisamment éclaircis.

34. En 1775, la paroisse de Deauville fut encore troublée par le seigneur de Montcanisy, le comte de Lauraguais, et elle se défendit devant la maîtrise des Eaux et Forêts de la vicomté d'Auge. Dans la requête des habitants, représentés encore par le sieur Dubosc, on ne voit rien qui touche à la question de propriété. Les paroissiens réclament *leur droit de pâture ;* ils allèguent les anciens titres et le procès de 1693 ; pas un mot qui fasse supposer qu'ils se regardent comme ayant une autre qualité que celle d'*usagers ;* ils se fondent, de plus, sur des aveux particuliers rendus par les habitants, et sur lesquels nous reviendrons plus bas.

**Requête du 17 octobre 1775.** ...... Lesdits Dubosc et joints avouent que c'est avec la douleur la plus sensible qu'ils se voient forcés de plaider contre leur seigneur, pour lequel ils sont pénétrés du plus profond respect et duquel ils n'entendent jamais s'écarter, et ils protestent que si leurs possessions ne se trouvaient pas si gravement attaquées, ils feraient le sacrifice de leurs intérêts plutôt que de se livrer dans un procès ; mais ces *possessions,* non équivoques et fondées en titres, méritent toute leur attention comme faisant une partie considérable de leur fortune ; pourquoi ledit sieur Dubosc conclut pour lui et ses joints à ce que mondit seigneur comte de Lauraguais soit déclaré non recevable, et subsidiairement, mal fondé dans son action, avec dépens, sauf à donner leur requête en dommages et intérêts.

*Le droit de pâture* que ledit sieur Dubosc et ses joints *ont dans les dunes et communes de Deauville* est très ancien ; il émane de l'inféodation des fonds qu'ils possèdent dans cette paroisse, et la preuve s'en tire des *aveux qu'ils ont rendus à leurs seigneurs*, et dont le chartrier de M. le comte de Lauraguais est rempli ; et ils ont conservé *la possession de ce droit* sans interruption, au point que M. le marquis de Montataire ayant voulu les y troubler, il en fut débouté par arrêt du conseil privé ; M. le comte de Lauraguais doit avoir la preuve de ces faits dans son chartrier, et les défendeurs sont bien persuadés que s'il eût pris la peine d'en faire faire la recherche, il ne leur aurait pas suscité ce procès ; aussi se flattent-ils que la justice ne balancera pas de leur accorder l'effet de leurs conclusions.

Il est vrai que M. le comte de Lauraguais, pour accréditer son action, a qualifié ces dunes et communes de garennes, pour en induire que ses vassaux ne peuvent y *avoir le droit de pâture*, mais cette qualification ne peut en rien changer ni altérer *le droit de pâture* des défendeurs ; de ce qu'il aura plu aux seigneurs de Deauville de faire mettre des lapins dans *ces dunes et communes*, et de ce que ces lapins se sont multipliés et répandus dans plusieurs parties de ces dunes, il ne s'ensuit rien moins que ces dunes et communes soient garennes autorisées, et qu'ils puissent être privés *d'un droit de pâture que ces mêmes seigneurs leur ont accordé* en inféodant leurs fonds, et ils ont d'autant plus lieu de réclamer contre cette prétention, que c'est pour la première fois que ces dunes et communes aient été qualifiées de garennes, ce qui ne peut en rien les préjudicier, d'autant moins que quand ces dunes et communes seraient des garennes, ce qu'on ne voit pas, *les seigneurs de Deauville n'auraient pu, au préjudice de la concession faite à leurs vassaux*, les priver à leurs mises *d'un droit qu'ils leur ont concédé*, et dans lequel ils se sont maintenus par *les possessions de mettre pâturer leurs bestiaux dans ces dunes et communes sans interruption*, pourquoi en protestant, etc.

La question est donc ramenée aux termes dans lesquels nous l'avions posée en commençant : à l'interprétation même des aveux *qui font la loi*, et des Appelants, parce qu'ils émanent de leurs auteurs, et des Intimés, parce que leurs auteurs les ont acceptés.

35. Voilà pour ce qui concerne Deauville.—La commune de Tourgéville n'a pas invoqué les aveux, il est vrai, autrement que dans les Écrits du procès actuel, mais elle a fait plus, si c'est possible. 53 ans avant le procès de 1693, elle s'est à tout jamais

liée par une déclaration solennelle de 1640. A cette époque , le
Roi exigea que les communautés d'habitants déclarassent la nature
et l'étendue des propriétés de main-morte qu'elles possédaient, pour
fixer l'assiette des droits d'amortissement et de nouvel-acquêt. Aujourd'hui, la commune de Tourgéville soutient *qu'il existe dans ses
limites un terrain communal lui appartenant, d'une contenance d'environ 40 hectares, et que ce terrain a toujours eu la même étendue,
le même caractère, et lui a toujours appartenu.*—Que déclarait la paroisse de Tourgéville en 1640 ? « *Qu'en la parroisse, il y a une brière
« appelée Brière de Glatigny, contenant* DEUX ACRES OU VIRON, » —
et en outre « *qu'il y a une autre pièce en commune, nommée la
« Commune, contenant* ACRE ET DEMIE OU VIRON, ...ET QU'EN LA DICTE
« PARROISSE, IL N'Y A AUCUNE AUTRE COMMUNE QUE CELLES CI-DESSUS
« SPÉCIFIÉES. » Qui a raison, de la paroisse de 1640 ou de la
commune de 1855 ? Voici la déclaration textuelle ; comment, après
l'avoir relue , les habitants de Tourgéville osent-ils soutenir leur
procès ?

ARCHIVES DU ROYAUME.

Section domaniale.

Déclaration de<br>la paroisse de<br>Tourgéville,<br>du 11 mars<br>1640.

36. « Du onzième jour de mars 1640, devant moy soubz signé
« prebstre curé de la paroisse de Tourgéville, issue de la grand'
« messe paroissiale dudit lieu, par moy dicte et célébrée cedit
« jour, se sont assemblés les paroissiens en général et état com-
« mun de la paroisse, savoir est : Jacques Saonnier, Louis Lecar-
« pentier, Robert Legentil, Gabriel Lecoq, Robert Motel, Jean
« Millet, Marin Duplessis, Jean Lecoq, Michel Lecerf, lesquels,
« tant pour eux que pour les autres absents, ont donné pouvoir
« à Gabriel Lecerf et Jean Millet, d'eux d'iceux, de signer et
« affirmer la présente déclaration par devant M. Mallet, commis-
« saire subdélégué pour le droit des admortissements deubz à

« Sa Majesté par les gentz de main morte de son royaulme, par
« laquelle ils attestent que en leur dite *paroisse il y a une brière*
« *appelée la Brière de Glatigny, contenant deux acres ou viron,*
« bornée d'un costé par Jacques Le Saonnier et Jean Millet, d'autre
« costé Jacques Legentil, d'un bout les héritiers Thomas Du-
« plessis et autres, et d'autre bout Magdeleine Héroult, laquelle
« pièce peut valoir quarante sols de rente par chacun an, d'au-
« tant qu'il y a plusieurs chemins parmy passantz.

« Et oultre lesdits paroissiens déclarent qu'il y a *une autre*
« *pièce en commune, nommée la Commune, contenant acre et*
« *demie ou viron,* bornée d'un côté la commune de St-Arnoult,
« d'autre côté Jean Lecoq et autres, d'un bout Thomas Blannel-
« lage, et d'autre bout François Crestard, J. Lelessu et autres,
« laquelle peut valoir au plus haut soixante sols de revenu chacun
« an. Pour lesquelles *deux pièces* depuis trois ans en ça, lesdits
« paroissiens ont payé dix-huit livres au receveur des francs-fiefs
« et nouveaux-acquêts, AFFIRMANT TOUS LESDITS PAROISSIENS QUE
« EN LEUR DICTE PAROISSE, IL N'Y A AUCUNE AUTRE COMMUNE QUE
« CELLES Y DESSUS SPÉCIFIÉEZ. Le tout fait, Mathieu Loys, Marin et
« Varin, de Glourult, tesmoings. Signé : J. Mauduit, Legentil,
« Carpentier, J. Le Saonnier, Lecoq, Legentil, la marque dudit Mo-
« tel, Millet, Duplessis, Lecoq, J. Héricey et Lecerf.

« L'an 1640, le lundi 12 mars, audit Pont-l'Evêque, devant
« nous Pierre Mallet, écuyer, conseiller du roy, lieutenant civil
« et criminel de M. le bailly de Rouen, en la vicomté d'Auge,
« commissaire subdélégué par la Chambre souveraine établie par
« le roy au château du Louvre, pour le droit des admortissements
« deubz à Sa Majesté par les gentz de main-morte de son royaulme
« *se sont présentez lesditz Gabriel Lecerf et Jean Millet, deux*
« *desdits paroissiens, manantz et habitantz de Tourgéville, tant*
« *pour eux que se faisantz fort pour les autres absentz, lesquels*
« *ont baillé la présente déclaration qu'ils ont affirmée véritable*

« *en tout son contenu et ont signé.* Signé : Millet , G. Lecerf,
« Legrand et Mallet. » Collationné, etc. Signé : Letronne.

Nous nous demandions lesquels croire des habitants du XVII<sup>e</sup> siècle ou de ceux d'aujourd'hui ? — Ceux d'autrefois ; et c'est la faute des contemporains s'ils se sont rendus indignes de confiance, par des actes auxquels il est impossible de ne pas appliquer la qualification de déloyaux.

37. Dans sa requête d'opposition du 9 août 1833, la commune de Tourgéville, après avoir prétendu qu'avant 1789 elle jouissait, à titre de propriété, des *dunes et marais*, ajoutait : « Les 5 avril « 1791, 2 mai 1792 et 5 nivôse an VII, elle était cotisée pour « *tout le terrain* à la contribution foncière, puisqu'il était compris « dans la section A du registre du cadastre ou des contributions , « n<sup>os</sup> 219, 227 et 229, sous la dénomination de *communes, ci-* « *devant Garenne.* » Pour appuyer cette prétention, elle a communiqué trois états de section où elle veut en trouver la preuve.

On a examiné en première instance, nous avons examiné de nouveau ces trois pièces produites ; elles présentent un faux matériel si évident, qu'en condamnant la coupable conduite de la commune de Tourgéville , elles donnent complètement gain de cause aux représentants de Brancas.

La première pièce est l'état de section A dressé le 25 avril 1791, en exécution du décret des 23 novembre—1<sup>er</sup> décembre 1790, sur la contribution foncière. Cet état contient la mention suivante :

<pre>
                                              a.  v.  p.  l.
« N° 219. A. Les communes de Tourgéville ,
bornant la mer,  contenant environ soixante perches,
imposées  suivant l'ordonnance C............... 38  .  ..
        « Trois livres,  cy..................... ... 3
</pre>

Il faut remarquer que pour les autres articles de cet état, au nombre de 217, la contenance n'est point portée en toutes lettres ; on se contente de l'indiquer en chiffres dans trois colonnes mises à la suite de la désignation de l'objet, et contenant, la première les *acres*, la seconde les *vergées*, la troisième les *perches*. Une quatrième colonne reproduit en chiffres le montant de la contribution foncière, déjà indiquée d'ailleurs en toutes lettres. Ceci entendu, on voit que, par exception, dans le n° 219 relatif aux *communes* de Tourgéville, la contenance était évaluée *en toutes lettres* à SOIXANTE PERCHES; et, dans la colonne des chiffres, il n'y avait primitivement que des points. Postérieurement à la confection de cet état, probablement après 1830, à l'époque et à l'occasion du procès, un maladroit et impudent faussaire a écrit dans la colonne des acres le chiffre 38, qui est démenti par le mot *soixante perches* écrit en toutes lettres en 1791. Ce chiffre 38 est tracé avec une encre restée noire, tandis que l'encre de l'état général a jauni par l'effet du temps; il émane d'une main beaucoup plus exercée que celle du rédacteur de l'acte. C'est un faux, grossier sans doute et stupide, mais odieux, imaginé pour essayer de tromper la justice et de lui faire croire qu'en 1791 les habitants de Tourgéville avaient la prétention de posséder 38 acres de pâturages à eux appartenant. Le revenu indiqué (trois livres) n'est plus en rapport avec la contenance falsifiée : *mais qu'importe !*

La seconde pièce communiquée, qui contient les rôles de la contribution foncière, porte la date *du 2 mai 1792*, et place sous le n° 7 : *les communes de Tourgéville, bornant la mer, ci-devant garennes*. Cette pièce n'indique par elle-même aucune contenance et se borne à se référer à l'état de section de 1791, en mentionnant dans la seconde colonne : A, N° **219. 3.** Or, cette seconde colonne portant l'intitulé suivant :

« Indication,

1° De la *section* ;

2° Du *numéro* de chaque article de propriété compris dans l'état de section ;

3° De l'évaluation du *revenu* de chacun de ces articles ; »

Il en résulte que ces mots : A, N° 219. 3, signifient *section A,
n° 219, revenu de l'immeuble, 3 livres.* On reproduit donc exactement la mention de l'état précédent, et comme ce revenu de
3 liv. était en regard d'une contenance de 60 perches pour les
communes de Tourgéville, il en résulte que, *le 2 mai 1792*, la
commune de Tourgéville avouait solennellement que les biens communaux n'avaient qu'une contenance de 60 perches, car ce registre
se termine par ces mots :

« A été arrêté par les offciers, par le maire et officiers munici-
« paux et commissaires de la paroisse de Tourgéville..... Ce que
« nous avons signé, ce 2 mai 1792. »

(Suivent les signatures).

Quant à la troisième pièce communiquée, c'est bien l'état de la
section A de la commune de Tourgéville, arrêté le 25 nivôse an VII,
et sous le n° 227 (il n'y a pas de numéro 229) ; le dernier article
de cette section indique : « *les communes de Tourgéville, ci-
devant garennes, imposées suivant l'ordonnance.* » — L'état se
compose de trois colonnes ainsi intitulées :

« 1ʳᵉ col. *Nature de chaque propriété ;*

« 2ᵉ — *Contenance ;*

« 3ᵉ — *Évaluation du revenu imposable pour l'an V.* »

Dans la 1ʳᵉ colonne, on lit l'indication des *commuues de Tourgéville ;* dans la 2ᵉ il y avait le chiffre 10, indicatif du nombre
des acres ; dans la dernière, des guillemets. Cette 3ᵉ colonne du
revenu est restée vide, tandis qu'elle est remplie pour tous les
autres articles de la section. Mais dans la seconde colonne de la
contenance, l'1 du chiffre 10 a été surchargé et remplacé par un 4,
ce qui fait 40 (acres). Ce 4 est tracé d'une autre main et avec
une encre plus noire que le reste des caractères de la section. Enfin, pour compléter le faux, — aussi grossier, aussi visible que le
précédent, — on a refait le *total* placé au bas de la colonne de la
contenance. Ce total se composait de 13 acres 1 vergée ; on a en-

core surchargé et refait l'1 du chiffre 13, et on a fait de ce total 43 acres 1 vergée.

38. En l'an VII, les administrateurs de la commune de Tourgéville, — devenus moins scrupuleux, mais retenus pas un reste d'honnêteté,—n'évaluaient encore la contenance de leurs biens communaux qu'à 10 acres. Aujourd'hui on les estime à 40 hectares, et, pour donner une couleur à cette insoutenable prétention, on a recours au faux ! — Nous disons au faux, sans craindre d'être injuste envers les administrateurs actuels de la commune ; car ils ne peuvent prétexter cause d'ignorance ; ils savent qu'un faux a été commis, n'importe par qui ; qu'une rectification frauduleuse a été opérée sur leurs registres, et ils les communiquent en première instance et en appel, et ils s'en servent ; et quand on leur en fait timidement le reproche en première instance, ils osent répondre ce qui suit :

« ..... Un mot suffit pour pulvériser ce nouveau moyen. D'a-
« bord le fait que la contenance de soixante perches, indiquée
« en toutes lettres, ait été dénaturée par la rencontre des chiffres
« 38 ou 40, la colonne des acres est tout à fait insignifiante. *Ne*
« *sait-on pas, en effet, que dans les premiers temps de la ca-*
« *dastration de la France, l'arpentage des communes fut mal*
« *fait ?*..... La contenance de ces biens en chiffres ou en toutes
« lettres, disent les adversaires, a été mise après coup à une époque
« bien postérieure à la confection des états de section; — *qu'im-*
« *porte ? Ces documents en sont-ils pour cela moins valables ?*
« —Elle a été écrite d'une autre main et avec une toute autre
« plume que celle employée dans leur ensemble.....—*Qu'im-*
« *porte encore ?* Cela prouve même incontestablement qu'on REC-
« TIFIAIT *le cadastre* de la commune de Tourgéville, qu'on appor-
« tait beaucoup plus de soin à chercher et à constater, sur le
« cadastre, la véritable contenance des dunes et marais de cette

« commune. » (Écrit intitulé *Réfutation de la commune de Tour-*
« *géville*, du 12 avril 1853.)

Nous n'avons qu'un mot à répondre pour l'édification de nos adversaires. Ce genre de RECTIFICATION, comme ils l'appellent, est nommé, prévu et puni par les art. 145, 147 et 148 du Code pénal en
ces termes :

« Art. 145.—Tout fonctionnaire ou officier public qui, dans l'exer-
« cice de ses fonctions, aura commis un *faux*, »

. . . . . . . . . . . . . . . . . . . . . . . . . . .

« *Soit par des écritures faites ou intercalées sur des registres*
« *ou d'autres actes publics,* depuis leur confection ou clôture, »
« Sera puni des *travaux forcés à perpétuité.* »
« Art. 147. —Seront punies des *travaux forcés à temps* toutes
« autres personnes qui auront commis *un faux* en écriture authen-
« tique ou publique..... »

. . . . . . . . . . . . . . . . . . . . . . . . . .

« *Soit par addition ou altération de clauses, de déclarations*
« *ou de faits que ces actes avaient pour objet de recevoir ou de*
« *constater.* »
Art. 148.—Dans tous les cas exprimés au présent paragraphe,
« *celui qui aura fait usage des actes faux,* sera puni des travaux
« forcés à temps. »

39. C'est ainsi que tout se réunit pour décider en faveur des Appelants la seule question du procès, le droit de propriété des prés-
marais de Deauville et de Tourgéville. Ce serait, en effet, une
curieuse anomalie dans l'histoire du droit que cette théorie de la
propriété primitive et native des communes dans laquelle s'est com-
plu le premier juge , et qu'il a exprimées par les termes que voici :

« C'est un *point historiquement hors de contestation* que les *communes* ou
communautés d'habitants existaient, en qualité de corporations collectives, plusieurs siècles avant le premier *aveu* produit au procès actuel (1498).

« Dans son *Histoire de la Civilisation en Europe*, M. Guizot en fait remonter l'existence au dixième ou onzième siècle.

« Il n'est pas moins hors de doute que, depuis des époques bien antérieures à celle de 1498 qui vient d'être exprimée, les communautés d'habitants possédaient *ut universi* des propriétés dans l'acception la plus étendue de la signification du mot, et dont la jouissance s'exerçait au bénéfice des habitants de manière à en assurer les profits et avantages à la communauté. » (Jugement dont est appel.)

Qu'il y ait eu des *communes*, dans le sens municipal du mot, antérieurement au XV siècle, cela est certain. Elles n'ont jamais cessé d'exister dans le midi sous le nom de *municipes*, et, dans le nord, toutes les chartes d'établissement de communes sont plus anciennes que le XV siècle. Mais ce point n'a pas trait à la question du procès actuel. L'existence proprement dite des communes appartient tout entière au droit politique. Les communes du moyen-âge sont de véritables petites Républiques dont la constitution n'a rien à démêler avec la jouissance ou la propriété des pâturages. D'ailleurs, sous ce point de vue, le premier juge se serait encore lourdement trompé. *Il n'y a pas eu de communes en Normandie, en tant que corporations*, jouissant de l'autonomie, se gouvernant elle-mêmes, comme les communes de Laon, de Vezelay, etc. C'est là un fait historique maintenant hors de doute.

40. Voici comment s'exprime à ce sujet M. Léopold Delisle :

« ..... Nous voulons nous occuper d'intérêts plus généraux, de ces intérêts que l'épithète *communal* définirait parfaitement, s'il nous était permis d'employer ce terme, pour une époque où nos campagnes ne peuvent, en quelque sorte, fournir *un seul exemple de commune* proprement dite. Car les seules traces d'organisation communale que nous y ayons rencontrées se réduisent à des passages assez obscurs de la Charte des Coutumes de Gourcelles, où, d'ailleurs, se trahit de différentes manières une influence étrangère à notre province, et à quelques faits assez vagues consignés dans les titres des seigneurs de Nonancourt. Nous ne pouvons pas voir une institution communale dans ces jurés que l'abbé de Troarn, en 1297, choisissait au nombre de deux par paroisse pour lui répondre, au nom des habitants de leur paroisse, de l'observation des coutumes du marais.

« Mais encore bien que nos paroisses rurales ne fussent pas, au moyen-âge, organisées en communes, c'est-à-dire qu'elles n'eussent pas de magistrats municipaux, les habitants n'en avaient pas moins des intérêts communs à sauvegarder. A certains égards, entre les hommes d'une paroisse, d'un fief, d'un hameau, il s'était formé une véritable communauté, reconnue non-seulement par chacun des intéressés, mais encore par les étrangers. Ordinairement on désignait par l'expression de *le commun* l'ensemble des habitants entre lesquels existaient ces rapports. Ces *communs* exerçaient la plupart des droits qui appartenaient aux véritables communes, mais ils n'avaient ni chefs ni conseils auxquels fût délégué le soin de veiller aux intérêts de tous. De cette manière, chacun des intéressés devait intervenir toutes les fois qu'il y avait une décision à prendre, et, quelle qu'en fût la nature, l'acte était rédigé au nom personnel des individus qui y avaient pris part. . . . .

« . . . . . . Sous Philippe-Auguste, Louis VIII et Saint-Louis, l'échiquier eut souvent à juger des procès où l'une des parties était une communauté d'habitants. Le sujet de ces procès était le plus souvent le payement des rentes et des aides, la demande des différentes corvées, *la réclamation de droits d'usages.* Mais c'est surtout au XIV<sup>e</sup> et au XV<sup>e</sup> siècle que nous voyons des communautés d'habitants soutenir des procès souvent bien importants et bien longs. Pour montrer combien ces procès étaient communs, nous croyons devoir indiquer ceux dont nous avons relevé la mention sur les douze premiers registres originaux de l'échiquier (1). *Presque tous* roulent *sur des* DROITS D'USAGE *contestés aux habitants,* ou sur le guet que leur demandaient les capitaines des châteaux. » (Pages 135 et suiv.

« . . . . . Dans nos campagnes, il ne s'organisa point de communes proprement dites. . . . . » (Page 171.)

Ainsi, d'après M. Léopold Delisle, pas de communes en Normandie au moyen-âge. Les habitants des paroisses, souvent considérés *ut singuli* et stipulant chacun en leur nom, avaient seulement des droits et ont souvent comparu en justice pour les maintenir. Se figure-t-on en Normandie le seigneur du fief se

(1) L'auteur cite, en note, le nom *de 126 paroisses* qui ont soutenu de pareils procès, de 1336 à 1395.

réduisant à la condition de l'un de ses paysans, et devenant avec eux copropriétaire d'un terrain, exerçant avec eux, au même titre, le droit de propriété au moyen de la pâture des bestiaux ! C'est à n'y pas croire, et cependant cette idée a été accueillie par le tribunal de Pont-l'Évêque. Sans doute on a vu des seigneurs de fief devenir bourgeois d'une commune urbaine et murée, en jurer la charte, participer aux droits et aux devoirs des habitants. L'importance politique de ces sortes de républiques explique ce fait. Mais qu'on nous montre, dans sa seigneurie, un seigneur de six fiefs, comme Jean de Récusson, vivant, quant à un droit de propriété, sur le pied d'égalité avec ses vassaux, et nous nous avouerons vaincu.

C'est, au contraire, maintenant une vérité parfaitement démontrée, que les communautés et corporations d'habitants sont nées et se sont développées à l'abri du manoir seigneurial; que loin d'avoir pu se trouver copropriétaires avec le seigneur, elles ont été organisées par lui sur des terres dont il était propriétaire primitif, en vertu de la conquête ou de concessions suzeraines, et ont reçu de lui l'octroi de nombreux priviléges et d'usages dans les bois et les prairies. Rappelons sur ce point l'opinion des plus graves historiens et des plus savants jurisconsultes :

« De grande ancienneté, dit Coquille, *question* 303, les seigneurs voyant leurs territoires déserts et mal habités, concédèrent des usages à ceux qui y viendraient habiter, pour les y sémondre, et à ceux qui jà y étaient pour les y conserver, et retinrent quelques légères prestations plutôt en reconnaissance de supériorité qu'en profit pécuniaire. »

Salvaing (*Traité de l'usage des Fiefs*, chap. 96, *in princip.*, page 470), s'exprime ainsi :

« Presque tous les titres, tant anciens que modernes, nous apprennent que la plupart des seigneurs, pour rendre leurs terres habitées, ayant distribué à des particuliers certaines portions de fonds à cultiver, ont été contraints, *pour se les conserver,* de leur accorder *des droits d'usage* dans leurs forêts, comme des facultés accessoires à leur habitation, et sans lesquelles ils auraient été nécessités à déguerpir les fonds et à chercher un établissement ailleurs. »

« On ne saurait douter, dit LE PRÉSIDENT BOUHIER (*Observations sur la Coutume de Bourgogne*, ch. 62, n° 30), que cette considération de l'habitation n'ait donné lieu à l'origine de ce droit d'usage ; car les seigneurs ayant grand intérêt de peupler leurs seigneuries, n'ont point trouvé de meilleur moyen, comme d'autres l'ont observé, pour y attirer beaucoup de sujets, et surtout des laboureurs, que de leur procurer des pâturages dans leurs bois et autres lieux, avec toutes les commendites que peuvent fournir les droits d'usage, comme une douceur sans laquelle ils seraient obligés d'aller s'établir ailleurs. »

Fréminville rapporte la même chose d'une manière positive :

« Nombre de communautés d'habitants, de villes, bourgs et villages, jouissent de ces droits d'usage, lesquels leur ont été concédés et donnés par les seigneurs des lieux, afin d'attirer et engager par cet avantage aussi considérable qu'utile, des hommes dans leurs seigneuries, ou pour se les conserver, et les empêcher de quitter s'ils y étaient établis ; telle est l'origine de ces concessions et de ces établissements. » (*Pratique des terriers*, ch. 7, *des Droits d'usage dans les bois*, quest. 1, p. 290.)

« L'origine des droits d'usage, dit HENRION DE PANSEY, se présente très naturellement. Les seigneurs avaient de grands domaines, des bois considérables, peu d'habitants, et le désir d'en augmenter le nombre. Pour y parvenir, le moyen le plus efficace était d'améliorer la condition de leur sujets en favorisant l'agriculture.

« .... Les seigneurs se trouvaient donc dans une espèce de nécessité de permettre à leurs habitants le pâturage *sur les terres de leurs domaines* et l'usage de leurs bois ; et c'est ainsi que la plupart ont fait. » (*Dissertations féodales*, v° *Communauté*, t. I, p. 440.)

« ... J'ai démontré, dit M. CURASSON, que loin d'avoir précédé l'établissement des fiefs, l'existence de la plupart des communes n'est due qu'aux concessions faites par des seigneurs ou des monastères ; qu'à l'époque de la conquête des Francs, les centres de population agricole étaient à peine connus : le régime municipal, auquel participaient seulement les bourgeois des villes, n'était plus alors que l'instrument et la victime du despotisme impérial, que l'esclavage infâme qui était de droit commun chez les Romains, avait pénétré dans les Gaules, tellement que plus des deux tiers de la population gauloise étaient de condition servile, et, comme le disent les historiens, la classe moyenne n'existait plus, il n'y avait plus de nation; qu'au lieu d'asservir le peuple, c'est la féodalité, au contraire, qui a le plus contribué à son affranchissement; que si cette institution a fini par dégénérer en abus, on ne peut lui refuser d'avoir produit des effets salutaires dans le principe; c'est elle qui a encouragé l'agriculture; c'est par ce moyen qu'ont été peuplées et défrichées les campagnes désertes, et que des villages se sont formés, là où il n'y avait que de vastes solitudes. *D'où j'ai conclu que la présomption de propriété native des communes n'avait pas plus de vraisemblance en théorie que d'influence dans la pratique.* »

« Il est peu de concessions d'usage qui remontent au-delà du XIII° ou XIV° siècle, et alors les populations rurales qui se sont établies à l'abri de ces concessions *étaient encore dans le néant.* C'est en 1313, par exemple, que Philippe, duc de Bourgogne, accorda des droits d'usage à ceux qui viendraient s'établir sur les rives de la forêt de Chaux *pour y défricher les terres iucultes.*

« Ce n'est qu'à des concessions semblables faites par les princes de Châlons en 1398, 1403 et 1414, que les communautés du Val-de-Miège et un grand nombre d'autres bourgs et villages doivent leur établissement.

« J'ai vu plusieurs autres titres primitifs émanant de seigneurs particuliers ou de monastères, qui sont mêmes *d'une date plus récente.*

« Comment les habitants, dont les auteurs furent ainsi transplantés sur des territoires incultes pour y jouir des avantages qui leur étaient offerts par le fondateur, pourraient-ils se plaindre d'avoir été réduits à la simple condition d'usagers ! » (Curasson sur Proudhon, *Traité des droits d'Usage*, t. VIII, n° 1007, p. 568 et suiv.

42. Dans la *Revue de Législation*, t. I, p. 10 et s., M. Troplong, *celui de nos jurisconsultes modernes qui connaît le mieux les anciens* (Championnière), professe absolument la même doctrine.

« De toutes les communes usagères, il n'y en a peut-être pas une seule qui doive son origine à des temps antérieurs à l'établissement des Francs. »

« Les campagnes, on peut le dire hardiment, sont nées sous la main de la féodalité! C'est elle qui a peuplé des déserts, qui a appelé des habitants, qui leur a donné des usages et fait *des concessions* pour les attacher au sol. Cette assertion est surtout vraie pour la Lorraine, la Bourgogne, *pour la Normandie,* pour toutes les provinces de France où les usages sont multipliés. Rien n'est donc plus inexact que cette assertion de M. Proudhon *que là où on trouve des droits d'usage, on doit, par ce seul fait, conclure invinciblement à l'usurpation des seigneurs.* »

Avons-nous besoin d'ajouter que les chartes et les anciens titres, publiés de nos jours en si grand nombre, prêtent encore un nouveau degré d'évidence à la vérité historique si connue maintenant, que les communes rurales n'eurent pas une propriété native, qu'elles ne furent pas primitivement propriétaires et que, si elles possèdent la jouissance de prés ou de bois, elles le doivent à la générosité des anciens seigneurs.

**43.** Nous ne résistons pas au plaisir de citer, en finissant, quelques lignes de l'excellent ouvrage de M. Léopold Delisle ; il résume toute la science et toute l'érudition moderne sur le point qui nous occupe.

« La Normandie renferme des marais très étendus. On y remarque surtout ceux du Cotentin. Dans cette contrée, les rivières ne se rendent à la mer qu'après avoir traversé d'immenses plateaux, dans un lit peu profond, et pour ainsi dire sans aucune pente. Quand la saison des pluies est arrivée, la rivière déborde et couvre de ses eaux tous les terrains de la vallée. Au moyen-âge, ces débordements étaient d'autant plus fréquents et s'étendaient d'autant plus loin, qu'alors la mer remontait librement dans le lit des rivières. Mais, pendant l'été, ces marais fournissent d'excellents pâturages.

« La propriété et la jouissance de ces terrains ont, depuis des siècles, soulevé de graves questions que nous avons encore vu nous-mêmes débattre devant les Tribunaux. La difficulté est toujours venue des prétentions rivales des seigneurs et de leurs hommes. Les uns et les autres réclamaient à la fois et la propriété et la jouissance. *Selon nous,* on n'eût jamais dû *dans ces contestations perdre de vue les deux principes suivants dont nous trouvons à chaque instant l'application dans la féodalité normande, à savoir :* LE SEIGNEUR EST PROPRIÉTAIRE TRÉFONCIER DES MARAIS, DES LANDES ET DE TOUTES LES TERRES VAINES ET VAGUES, *comprises dans les limites de son fief ; ses hommes ont le droit* D'Y EXERCER CERTAINS USAGES. » (Page 281 et suiv.)

**44.** On ne saurait prétendre que la redevance que payait chaque habitant de Deauville et de Tourgéville, pour faire pâturer ses bestiaux, soit contraire à l'idée de la concession d'un droit d'usage et implique, au contraire, la concession primitive d'un droit de propriété sur laquelle le seigneur s'était réservé la directe féodale, et un cens annuel en signe de cette directe. Nous établissons qu'il n'y avait rien du contrat féodal dans l'indemnité stipulée primitivement au profit du seigneur de Montcanisy pour chaque usager ; c'était le prix du démembrement romain, non féodal, de la propriété, la représentation annuelle de la valeur du droit réel concédé. Un pareil contrat pourrait intervenir très-légalement aujourd'hui, et au moyen-âge on rencontre très-peu de droits d'usages concédés à titre purement gratuit. La raison en est simple : le seigneur désirait profiter, dans une certaine mesure, de la concession (immense relativement au prix payé) qu'il faisait à ses sujets. Puis à une époque où l'on écrivait peu, où l'on faisait appel au témoignage des hommes pour consacrer le souvenir des transactions, la redevance annuelle éternisait l'idée de la concession de l'usage, de la rétention de la propriété (1). Le droit du moyen-âge n'admettait guère, pour ne point dire n'admettait pas, que les droits d'usage fussent concédés gratuitement et sans redevance ; la redevance était, pour ainsi dire, le signe nécessaire de l'usage. La doctrine de Beaumanoir (2) était conforme à la jurisprudence de l'échiquier

(1) Nous trouvons dans le livre rouge de l'abbaye de Troarn, déjà plusieurs fois cité, un curieux exemple des moyens dont on se servait pour fixer dans la mémoire des assistants le souvenir des actes juridiques :

« De mariscis et antiquis consuetudinibus Troarni. — Iste sunt antique con-
« suetudines de marisco abbatis et monachorum, quod durat usque ad portum
« Avecin, et usque ad routam Aufare, *ubi comes Rogerus, fundator eorum,*
« *pluribus nobilibus presentibus, projecit filium suum Robertum de Bellesme*
« *vestitum pellicio griso in aquam, in testimonium et memoriam quod domi-*
« *natio abbatis et monachorum usque illuc se extendebat*..... (Parvus lib.
« rub. Troarni, f. 10, r° et suiv.)

(2) 6. Mesires Pierres de Thierni proposa contre le vile de Haies, que

normand, témoin l'arrêt rendu à la Saint-Michel 1209. Les hommes de Pont-Audemer se prétendaient injustement dépouillés d'un droit de pâture par les lépreux de Saint-Gilles : on leur demanda s'ils payeraient une rente à ces derniers, dans le cas où leurs bestiaux iraient pâturer. Sur leur réponse négative, la Cour décida que puisqu'ils reconnaissaient n'en faire ni rente, ni hommage, ils ne devaient pas jouir du droit de pâture (1).

45. Nous demanderons la permission de citer encore, sur ce point, un document précieux et *inédit*, extrait *du Parvus liber rubeus Troarni.* C'est une décision de l'échiquier tenu à Caen, en 1225, relative aux droits d'usage que les habitants des paroisses pouvaient exercer sur les marais de l'abbaye de Troarn :

« De mariscis. — Isti fuerunt presentes in assisia domini Regis
« apud Cadomum anno domini MCCXXV. Domino Reginaldo de
« Valle Troarni tunc senescallo, Wilhelmo Agnarin Decano Sepul-
« cri cadomensis, et Dyonisio Vicecomite justiciario domini Regis,
« et tenentibus prefatam assisiam qua adjudicatum fuit Abbati et
« conventui Troarni *quod nullus homo poterat aliquid ligare* (?)

ledite vile à tort et sans reson envoioient lor bestes pasturer en ses prés, es quix il avait toute justice et toute seignorie, comme cil qui de tel uzage ne li rendoient cens ne rente ne redevances ; par quoi il requeroit que il de tel uzage fussent débouté et qu'il lor fust dit, par droit, qu'il n'i avoient droit de uzer. A ce respondi ledite vile, que il cel uzage avoient uzé et maintenu de si lonc tans comme il pooit souvenir à mémoire d'omme, et lor estoit bien uzages conneus dudit mesire Pierre ; par quoi ils requéroient c'on lor laissast user pesivlement, si comme il avoient uzé de lonc tans, et sorce se mirent en droit. Li home de Creeil, après ce qu'il orent pris toz lor respis et qu'il s'en furent conseillié en moult de liex, prononchièrent par jugement, que le dite vile des Haiés. n'avoit droit d'user es prés monsegneur Pierre dessus dit, et que li lons uzages qu'il avoient proposé, ne lor valoit riens, *por ce qu'ils ne rendaient du dit uzages chens, rentes ne redevances.* » (*Les coutumes du Beauvoisis,* édit. Beugnot, t. 1, p. 341.)

(1) *Reg. scacc.* f. 53. V. *apud* Léopold Delisle, p. 168...

« *vel reclamare in mariscis de Vimonto, vel de Esmievilla, vel*
« *de Guillervilla, vel de.....  vel Sancto-Paterno , vel in ali-*
« *quibus partibus herbagii ejusdem marisci , nisi de voluntate*
« *eorumdem*, PRETER ILLOS QUI EISDEM MONACHÌS REDDUNT AN-
« NUUM CENSUM PRO HERBAGIIS ANTIQUITUS. Ita tamen quod ipsi non
« possunt nec debent pro eo eisdem vel alicui facere aliquod damp-
« num vel injuriam quod non debeant emendare per justiciam Ab-
« batis vel baillivorum suorum. Et ipsi prefati Abbas et conventus,
« sive aliqui jurisdictione possunt et debent prefatos mariseos prout
« viderint utilitatem suam fore, cuicumque voluerint tradere, feo-
« dare..... voluerint, vel quem per judicium predictorum viro-
« rum et subsequentium. Abbas cadomensis. Abbas de Foneneto.
« Prior de Plesseio. Robertus de Fontibus. Hugo de Trevireto.
« Rogerus de Argenciis. Radulphus de Argenciis. Wilhelmus de
« Rupetra, et plures alii. »

(*Parvus liber rubeus Troarni*, f. 35, v° et r°, *Archives du Calvados. Suppl. Cart.*, 82.)

Trois choses ressortent de cet arrêt si important de l'Echiquier
normand : 1° l'abbé de Troarn est complètement propriétaire des
marais, non pas seulement seigneur féodal, mais de plus propriétaire tréfoncier, puisqu'il peut, et les *inféoder*, et aussi les *livrer*
(*tradere*) à qui bon lui semble ;

2° Les habitants de certaines communes indiquées ont des droits
d'usage sur ces marais. Nous avons vu ailleurs (p. 46) que *herbagia crescentia in mariscis istis communia sunt hominibus villarum predictarum.*

3° Pour exercer ces droits d'usage, il faut payer un cens,
*censum annuum eisdem monachis ;* en sorte que non seulement la
redevance annuelle se concilie parfaitement avec le droit d'usage,
mais elle le suppose et le démontre. Sans droit d'usage, point de
redevance, mais aussi sans redevance, pas de droit d'usage.

Voilà quelle était la constitution foncière des prés-marais des bords de la Dive aux XIII<sup>e</sup> et XIV<sup>e</sup> siècle. On voudrait que des terrains identiques, situés à quelques lieues, les marais des bords de la Touques, à propos desquels nous trouvons les mêmes expressions (*communes*), des *redevances* et des réserves analogues, aient eu aux mêmes époques une constitution tout à fait différente ! —On voudrait que le seigneur eût été ici copropriétaire avec les habitants ; que la redevance annuelle de ceux-ci eût été la marque d'une propriété et non d'une usage, et que le mot *commune* signifiât à Deauville le contraire de ce qu'il signifiait à Troarn ! C'est impossible, et nous nous en reposons sur l'érudition et la sagacité de nos juges pour démêler la vérité de l'erreur.

45. Ces redevances indiquées dans les aveux n'avaient rien de féodal ; elles n'ont pas été atteintes par la loi du 4 août 1789, abolitive de la féodalité ; elles ont, en droit, sinon en fait, continué de subsister, tant que le droit d'usage a continué de se produire en présence du droit de propriété, et les représentants de la famille de Brancas pourraient aujourd'hui légalement les réclamer au lieu de demander le cantonnement.

L'art. 9 du titre II du décret du 15 mars 1790, réserve précisément les redevances ayant pour cause la *concession d'usages*, et les soustrait à l'abolition générale :

« Tous droits qui...... sont perçus par des seigneurs sur les « personnes, sur les bestiaux, ou à cause de la résidence, sans « qu'il soit justifié qu'ils sont dus soit par les fonds invariable- « ment, *soit pour raison de concessions d'usages* ou autres objets, « sont abolis sans indemnité. »

Le jugement dont est appel n'en a point pensé ainsi. Il a cru deux choses—qui, selon nous, sont deux erreurs ;—et il en a supposé une troisième qui est une erreur encore plus grave :

« ..... Ce qui *paraît* démonstratif de la nature des revenus en question, « c'est le fait même *de leur abolition* par la survenance des lois de 1789 et

« 1790 ; si, en effet, leur véritable cause eût été dans une concession *de droits*
« *d'usages*, elles auraient échappé à l'abolition *en continuant de subsister* au
« bénéfice des anciens seigneurs ou de leurs représentants, *aux termes for-*
« *mels* desdites lois eux-mêmes. *A aucune époque* les représentants des sei-
« gneurs de Montcanisy ne paraissent avoir, depuis l'abolition du régime féo-
« dal, *élevé la voix pour réclamer* le payement des redevances qui, d'après
« leur propre système, auraient eu pour origine une concession à titre onéreux.

   « Serait-ce que les redevances stipulées, à cause de leur modicité, n'auraient
« pas paru aux représentants des anciens seigneurs mériter d'être l'objet de
« réclamations contentieuses auxquelles il leur aurait fallu recourir pour s'en
« faire payer ; mais si, à leur point de vue, ces redevances, quelque modiques
« qu'elles fussent, étaient le prix, le signe caractéristique d'une concession
« originairement faite à titre onéreux, *l'abstention des représentants* du sei-
« gneur, en pareil cas, *les exposait* aux chances diverses de libération que
« *leur morosité* aurait fait naître en faveur des habitants.

   « Il faut reconnaître, en cette occurrence, que les représentants des sei-
« gneurs ont eux-mêmes considéré comme atteints par les lois abolitives, les
« droits établis sur les bestiaux des habitants ; en effet, *comment ne pas re-*
« *connaître le [caractère féodal* dans le droit qui était établi *sur chaque feu*
« pour *le franc-aller* dans les prés-marais dont il s'agit ?

   « Les habitants de Deauville et Tourgéville ayant, depuis 60 ans et plus,
« sans interruption, joui de la dépaissance dans les prairies dont il s'agit,
« sans aucune indemnité, *c'est le cas de reconnaître* que la possession du *droit*
« *de jouissance* desdits *prés-marais*, reconnu exister en leur faveur depuis un
« temps immémorial, par l'arrêt de 1693, s'est complétée à leur bénéfice par
« suite de l'abolition du régime féodal qui leur *a permis d'exercer leur droit*
« *de jouissance*, en exemption des prestations pécuniaires qu'avant cette aboli-
« tion ils étaient tenus de faire et payer au seigneur titulaire du fief. . . . . . »
(Jugement dont est appel.)


Le jugement attaqué admet : 1° que les redevances dont parlent les aveux ont disparu légalement devant les lois abolitives de
la féodalité ; 2° que leur abolition suppose nécessairement qu'elles
étaient le signe de la concession de la pleine propriété, car si elles
eussent représenté l'octroi d'un droit d'usage, elles eussent été res-
pectées par les lois abolitives de la féodalité ; 3° que les représen-

tants de Brancas ont eux-mêmes reconnu cette abolition, en ne réclamant pas le payement de ces redevances, autrement ils auraient compromis leur droit !

Répondons d'abord au troisième et dernier argument.

Les représentants de Brancas n'ont jamais reconnu que les redevances des habitants de Deauville et Tourgéville aient été abolies par les lois de la Révolution, et spécialement par celle du 17 juillet 1793. Induire une pareille reconnaissance de leur silence, c'est méconnaître les principes les plus élémentaires en matière de droits d'usages. Nous verrons qu'aucune prescription, fondée sur le silence du propriétaire et la possession de l'usager, n'est opposable au propriétaire, s'il n'y a eu interversion régulière du titre de l'usager. On ne peut donc tirer aucune conséquence de ce que le duc de Brancas ou madame de Schoën n'ont pas réclamé les redevances accoutumées et n'ont demandé le cantonnement qu'en 1843.

En second lieu, dire que les redevances des habitants ont disparu légalement, c'est juger la question par la question. Nous avons essayé de prouver le contraire. Elles ont disparu en fait, parce qu'on n'en a pas réclamé le payement ; ont-elles disparu en droit ? Oui, si le contrat primitif était féodal, si ces redevances étaient, comme on dit, entachées de féodalité. Non, si elles représentaient la simple concession d'une *servitnde* (1). Il faut autre chose qu'une affirmation pour trancher cette difficulté.

---

(1) « ..... Considérant que le droit d'usage sur un terrain est exclusif d'aucun droit de propriété de ce même terrain pour celui qui a le droit d'usage ; qu'il n'est lui-même qu'une servitude qui n'est pas susceptible de recevoir d'extension, et qui est de droit limitée à ce qui est porté par le titre en vertu duquel il est réclamé.....

« ..... *Considérant qu'une redevance en avoine due par un propriétaire de métairie, pour user du droit de faire* PACAGER *les bestiaux dans les brandes d'un seigneur, n'était pas susceptible de féodalité, ni d'emporter directe ; que,*

47. Supposons maintenant, en dernier lieu, que ces redevances aient réellement été abolies par les lois de la Révolution, et notamment par la loi du 17 juillet 1793.

Serait-il vrai que de l'abolition de ces redevances il faudrait conclure qu'elles étaient primitivement le signe de la concession de la pleine propriété, — et que, si elles eussent représenté l'octroi d'un droit d'usage, elles n'auraient pu être supprimées par les lois de la Révolution ?

C'est une erreur réfutée d'avance par Merlin, le meilleur interprète des lois abolitives de la féodalité, puisqu'il en était le principal auteur.

Sans doute, — et nous estimons que c'est notre espèce, — on pouvait détacher un droit d'usage de la propriété, et le concéder, le vendre à un tiers, moyennant une redevance qui en était le prix, absolument comme si on l'eût cédé moyennant une somme payée comptant. Il n'y avait là rien de féodal ; c'était un contrat de droit commun, ou plutôt de droit romain ; les choses ne se passeraient pas autrement aujourd'hui, et la cour de cassation, dans l'arrêt que nous rapportons en note, a pensé qu'il en était ordinairement ainsi dans la concession d'un droit d'usage. — Mais, au moyen-âge, le contrat de concession pouvait n'être pas aussi simple. Tout droit utile, et même honorifique, pouvait faire la matière du contrat féodal, être concédé à titre de fief ou de censive, moyennant la foi et l'hommage, ou un cens quelconque. On pouvait donc détacher les droits d'usage de la propriété, et puis, sans faire de cette propriété la matière d'aucune concession féodale,

*par conséquent, elle n'a pu être supprimée par les lois suppressives de la féodalité..... »*

(Arrêt de la Cour de Poitiers du 20 juin 1818.—Sirey, *Collect. nouv.*, t. VI, p. 479.)

La Cour de cassation a rejeté le pourvoi contre cet arrêt, par arrêt du 31 juillet 1821.—(Sirey, *ibid.*)

faire porter la concession sur le droit d'usage lui-même, et retenir la directe, — non de la propriété, qui n'avait été en aucune façon aliénée, — mais des droits d'usage. Le droit d'usage se prêtait comme la propriété pleine et entière à ce fractionnement féodal, qui nous semble étrange aujourd'hui, mais qui a été, on peut le dire, le droit commun de l'Europe pendant de longs siècles. Rappelons seulement qu'on pouvait inféoder le *droit de justice*, — à plus forte raison, un droit plus matériel, de simples droits d'usage. Ceci posé, la redevance stipulée avait sans doute un caractère féodal, — mais elle n'en était pas moins la redevance représentant l'aliénation du droit d'usage. ou plutôt du droit *utile* d'usage concédé, et elle supposait entre les mains du seigneur la rétention du domaine *direct* du droit d'usage. Or, quel a été, sur un pareil contrat, l'effet des lois de la Révolution? La redevance a été supprimée sans indemnité, soit. Le domaine direct a été réuni au domaine utile, au profit de celui qui avait ce domaine utile, — c'est-à-dire des communes, — soit encore. Mais quelle conséquence en tirer? Que les communes sont devenues propriétaires? Non pas, mais qu'elles sont devenues pleinement *usagères*, sans redevances à payer, sans morcellement du droit d'usage en ces deux éléments féodaux, le domaine direct et le domaine utile; leur qualité d'*usagères* s'est consolidée, mais n'a pas changé et n'a pu empiéter sur la propriété. Ces principes, familiers à tous ceux qui ont étudié le régime féodal et les institutions du séniorat, réfutent complètement l'idée émise par le premier juge « que des rede- « vances, féodales de leur nature, et par suite abolies, ne peuvent « être que le signe de la concession d'un droit de propriété (1). »

(1) Voici ce que dit Merlin, *Répertoire,* vᵒ, *Rente seigneuriale,* § 2 :

« Tout ce qui, n'étant pas essentiellement noble, pouvait, sous le régime féodal, faire la matière d'une inféodation ou d'un bail à fief, pouvait aussi faire la matière d'un accensement ou bail à cens. Car le bail à cens était un bail à fief, comme l'effet est à sa cause, comme la conséquence est à son principe.

**48.** Est-il maintenant nécessaire de répondre à une objection du jugement dont est appel ?

« Attendu que la revendication des héritiers de Brancas, telle

On ne pouvait accenser un objet, parce qu'on l'avait précédemment reçu en fief ; et c'est par cette raison que le censitaire était, comme le dit M. Henrion, dans le *Répertoire de Jurisprudence,* au mot *Cens,* § 8, sur la dernière ligne de la dépendance féodale.

« Or, en supposant qu'un droit d'usufruit perpétuel ne soit pas l'équivalent d'une véritable propriété, il est certain que, sous le régime féodal, un droit de cette nature aurait pu être concédé à titre d'inféodation. « La gruerie des forêts (dit Brussel, page 42), le droit d'y chasser... enfin, jusqu'aux essaims d'abeilles qui pouvaient être trouvés dans les forêts, tout fut donné en fief. » Si l'on pouvait inféoder le droit de chasser dans un domaine, si l'on pouvait inféoder le droit de prendre les essaims d'abeilles que le hasard y faisait trouver, à plus forte raison aurait-on pu inféoder le droit de jouir, soit d'une partie, soit de la totalité des fruits que ce domaine produisait. Et dans le fait il est notoire que beaucoup de droits d'usage dans les bois ont été donnés en fief. C'est ainsi que, dans une affaire qui a été jugée, sections réunies, au rapport de M. Rousseau et sur nos conclusions, le 30 messidor an II, nous avons vu le seigneur de Mezan tenir en fief, du seigneur de Guerbeviller, le droit de prendre, chaque année, dans les bois de Censal et de Guilquebois, le taillis nécessaire pour son chauffage et celui de ses métayers.

« Et de là suit nécessairement la conséquence qu'on pouvait aussi accenser un droit d'usage ou un droit d'usufruit perpétuel, c'est-à-dire le concéder moyennant une redevance seigneuriale.

« A la vérité, pour qu'il y ait accensement, il faut que le domaine utile soit transféré, et que la seigneurie directe soit retenue.

« Mais pour qu'il y ait inféodation, il faut aussi qu'il y ait à la fois translation du domaine utile et réserve de la mouvance. Et si cette condition peut se réaliser dans l'inféodation d'un droit d'usage ou d'usufruit perpétuel, pourquoi ne pourrait-elle pas également se réaliser dans l'accensement de ce droit?

« Comment donc cette condition se réalise-t-elle dans un pareil accensement, dans une pareille inféodation ? Rien de plus simple.

« Le droit de jouir perpétuellement, soit en partie, soit en totalité, des fruits d'un héritage, associe nécessairement à la propriété de cet héritage celui à

« qu'ils l'ont dirigée, offre cette singularité qu'ils l'ont limitée aux
« seuls terrains en *marais* et *dunes* sis sur Tourgéville et Deauville,
« lorsqu'il résulte de toutes les pièces produites que des terrains
« dans les mêmes conditions que ceux revendiqués nommément,
« étaient assis sur le territoire de Bénerville, et que le silence des
« revendicants à l'égard des communaux de Bénerville paraît fondé
« uniquement sur le partage qu'en ont fait entre eux les habitants
« de ladite commune de Bénerville, conformément aux lois de
« l'époque révolutionnaire. »

Mesdames de Frohen et de Schoën usent de leur droit de revendication et de cantonnement dans les limites qui leur conviennent ; on ne peut se faire une arme de leur réserve. Le partage des biens sur lesquels les communes n'avaient qu'un droit d'usage n'est jamais un obstacle au droit de demander le cantonnement. (Voir

qui ce droit appartient ; ou plutôt ce droit forme lui-même une propriété. Et en effet, celui à qui ce droit appartient, peut l'aliéner, le transmettre par succession ; en un mot, en user et en abuser comme de sa propre chose.

« Dès lors, nul obstacle à ce que le propriétaire de ce droit, qui le possède en vertu d'une inféodation, ne le sous-inféode à son tour ou ne l'accense.

« Dès lors, par conséquent, nul obstacle à ce que le propriétaire d'un domaine féodal ne détache de la propriété foncière de ce domaine le droit d'en percevoir les fruits à perpétuité, qu'il ne fasse de ce droit une propriété particulière, et qu'il ne la sous-inféode ou ne l'accense, c'est-à-dire qu'il ne la concède en s'en réservant la mouvance ou la seigneurie directe.

« C'est ainsi, en effet, qu'ont été autrefois inféodés ou accensés la plupart des droits d'usage, dont les bois des ci-devant seigneurs se trouvent encore aujourd'hui grevés envers les habitants des lieux.

« Et c'est par cette raison que sont aujourd'hui abolies sans indemnité, en vertu de la loi du 17 juillet 1793, les redevances féodales et censuelles, ou mélangées de droits censuels ou féodaux, qui pesaient sur les habitants à cause de leurs droits d'usage, quoique d'ailleurs les habitants continuent de jouir de ces droits, quoique d'ailleurs la chose qui a fourni primitivement le prix de la concession de ces droits soit encore dans la main des habitants.

un arrêt de la Cour de Poitiers, du 26 fév. 1850, *héritiers de Lusignan C. les communes de Bennet et du Mazeau*, cité plus bas *in extenso.*)

D'ailleurs, madame de Frohen, dans le procès de première instance, était à la fois appelée en garantie par les héritiers Auger et intervenante ; madame de Schoën était aussi intervenante. Aucune d'elles n'était partie principale, actionnant directement les communes. Sans doute, elles pouvaient, contre les parties déjà mises en cause, les deux communes de Deauville et de Tourgéville, dépasser l'étendue des conclusions prises par les demandeurs principaux, les héritiers Auger, et c'est ce qu'a décidé avec raison le premier juge, en déclarant l'intervention de madame de Schoën recevable. Mais il n'était pas possible aux intervenantes d'agir contre une partie qui n'était pas en cause, c'est-à-dire la commune de Bénerville. Il est donc dérisoire de s'armer contre les appelantes de ce qu'elles n'ont pas fait ce que légalement il leur était impossible de faire.

49. Nous espérons que la Cour ne verra pas non plus une fin de non-recevoir contre la demande en cantonnement de mesdames de Frohen et de Schoën, dans ce fait si singulièrement relevé par le premier juge, que ces dernières représentantes de la famille de Brancas ne possèdent plus aucun domaine dans l'étendue de l'ancien fief de Montcanisy. Le Tribunal a reconnu lui-même, et ce point est souverainement jugé, puisque les héritiers Auger n'ont pas interjeté appel, que la vente du 28 août 1824, faite par le duc Buphile de Brancas n'avait aucun trait aux *dunes et marais* dont jouissaient les communes. Cette vente était d'ailleurs parfaitement étrangère à madame de Schoën. Par conséquent, si jamais la famille de Brancas, héritière des anciens seigneurs du Montcanisy, a eu un droit dans le marais litigieux, ce droit lui est demeuré tout entier, puisqu'il n'a jamais été de sa part l'objet d'aucune cession.

Ce droit, s'il a anciennement existé, — et nous croyons l'avoir démontré, — était un droit de propriété territoriale qui n'a pas pu disparaître sans une aliénation ou une renonciation expresse, et puisqu'il est jugé qu'il n'a été transmis à personne, il a toujours continué de résider sur la tête des représentants de Brancas, encore bien que ceux-ci aient aliéné les autres parties de leur domaine.

On se rappelle que l'arrêt du 7 août 1787 avait attribué le *marais* aux quatre enfants du comte de Brancas, pour une valeur de 40,000 livres.—Est-ce que, par hasard, la propriété des terrains dont un autre a l'usage, et le droit de s'affranchir de cette servitude en réclamant le cantonnement, serait de nos jours devenu un droit seigneurial exclusivement attaché à la glèbe et au manoir, et pour l'exercice duquel il fallût avoir pignon sur rue ?

50. Nous avons parlé, au n° 2, *d'aveux roturiers* rendus à un seigneur pour des héritages tenus en censive, aux termes de l'article 101 de la Coutume de Normandie. Il y avait dans le fief du Montcanisy, paroisse de Tourgéville, une terre nommée l'*Aînesse-aux-Chevillains*, d'environ dix acres. A différentes époques, nous trouvons trois aveux rendus par l'aîné des possesseurs en son nom et en celui de ses puînés, aux seigneurs du Montcanisy. Les termes de ces aveux excluent complètement l'idée que les marais de Tourgéville fussent la propriété de la paroisse et de la communauté d'habitants. Il en résulte, au contraire, que le possesseur de cette *Aînesse* reconnaît formellement la propriété du seigneur sur les marais où vont pâturer les bestiaux, et avoue, par conséquent, qu'il n'est qu'*usager* comme les autres habitants.

Aveu du 28 mai 1652.

« Nous Pierre Tantet, etc.

« Confessons et avouons tenir de notre dit sieur de Montcanisy
« le fief ou *Aynesse aux Chevillains*, contenant dix acres de terre,
« tant pour nous que pour nos puisnés, dont nous le tenons en
« notre main ; cinq pièces ou portions sugettes faire ensemble-
« ment des rentes, charges et faisances que ladite aînesse est te-

« nue faire , lesquelles cinq pièces de terre sont divisées entre
« nous.........

« A cause de laquelle aynesse aux dits Chevillains , nous dits
« aisnés et puisnés sommes tenus et sugets faire et payer de rente
« pour chacun an à notre dit sieur, à cause de sa dite terre et
« sieurie du Montcanisy, à savoir : au terme de St-Michel, 15 sols
« 3 deniers et 20 deniers pour port de fief ; quatre boisseaux
« d'avoine, mesure de Beaumont, deux deniers pour terrage à la
« St-Martin-d'Hiver , sept deniers et quatre deniers. À Noël ,
« quatre chapons, trois guelinnes, six deniers ; service de prévosté
« et de pommes cueillir ; pour lequel service de pommes cueillir,
« nous dits aisnés et puisnés sommes tenus faire et payer pour
« chacun an, au terme St-Michel, quatre livres ; *et en outre nous*
« *dits aisnés et puisnés à cause des bestes que nous mettons pas-*
« *turer* AUX DUNES ET NETS DE NOSTRE DICT SIEUR, *nous sommes tenus*
« *et subjets faire et payer par chacun an , aux termes de St-*
« *Michel, les rentes qui en suivent, a savoir : pour chacune beste*
« *quevalline, quinze deniers; pour chacune beste aumaille, douze*
« *deniers, pour chacune beste à laine, deux deniers ; pour cha-*
« *cune beste porchine, cinq sols, et quatre deniers pour chacune*
« *feu ;* que nous dicts aisnés et puisnés sommes tenus faire et
« payer pour chacun an, avec foi, hommasges, reliefs, treiziesme,
« regard de mariage, etc.... »

Aveu du 9
octobre 1685. Le 9 octobre 1685, le possesseur de la même aînesse rendit à
Louis de Madaillan, marquis de Montataire, un *aveu* dans lequel
nous lisons identiquement les mêmes mots : « *A cause des bestes*
« *que nous mettons pasturer aux dunes et nets de nostre dict sieur.* »

Il est à remarquer que dans ces deux aveux on trouve les
signatures de tous les puisnés désignés dans l'aveu, tous habitants de Tourgéville, ou au moins leurs marques authentique-
ment certifiées.

Enfin, pareil aveu fut rendu le 17 mars 1756, au comte de Lauraguais et à son frère le comte Antoine-Buphile de Brancas, auteur des Appelants. On y trouve encore les mêmes expressions, rendues plus explicites, cette fois, par l'addition du mot *commune*.

« *Nous sommes obligez payer audit terme de la St-Michel, à* « *cause des bestes que nous pouvons mettre pasturer aux dunes* « *et* COMMUNES *de nos dits seigneurs, savoir, etc....* »

51. Ces trois aveux, qui se produisent dans l'espace de plus d'un siècle, ne peuvent pas laisser de doute sur l'opinion qu'avaient à cette époque plusieurs notables habitants de la paroisse de Tourgéville. On ne saurait reconnaître plus formellement le droit de propriété du seigneur sur les dunes et marais. Ces expressions *dunes et nets, dunes et communes de notre dit sieur,* supposent nécessairement une vraie propriété retenue au profit du seigneur, et non pas le simple domaine direct féodal, par opposition au domaine utile des marais. Elles sont mêmes incompatibles avec l'idée du simple domaine direct. Jamais, en parlant d'un fief ou d'une censive dont il avait le domaine utile, mais pour lesquels il était vassal d'un suzerain, un tenancier, de quelqu'ordre qu'il fût, n'aurait dit : « Le fief de tel seigneur, la terre de tel seigneur ; » il aurait dit : Mon fief, ma terre. Cela est surtout vrai dans nos pays ou régnait la maxime *nulle terre sans seigneur.* La propriété ne se concevant pas, à moins de titres contraires et très exceptionnels, sans le morcellement féodal, en domaine direct et en domaine utile, le pronom possessif indiquait le domaine utile, la vraie propriété, telle que nous la concevons aujourd'hui, la propriété qui, sous la Révolution, a complètement absorbé le domaine direct sans indemnité. En parlant donc *des marais du seigneur,* les aveux de 1652, 1685 et 1756, entendent que le seigneur est resté propriétaire comme nos lois le comprennent aujourd'hui, et non pas qu'il a sur les marais une simple directe féodale.

52. Le Tribunal de Pont-l'Evêque n'a pas pu méconnaître la signification si précise de ces trois documents, produits en première
instance, comme ils le sont encore devant la Cour par la commune
de Tourgéville elle-même.

Mais il a cru se tirer d'affaire en disant que ces aveux n'obli-
geaient que ceux qui les avaient rendus ou leurs ayants-cause, et
qu'ils n'avaient pu lier la généralité des habitants de Tourgéville.
—C'est déjà quelque chose que le Tribunal ait reconnu que : « les
« habitants qui rendaient ces aveux exprimaient plus ou moins
« ostensiblement qu'ils confessaient la propriété de ces terrains en
« faveur du seigneur. » ; mais nous n'ajouterons pas avec lui,
parce que ce serait ignorer les principes de l'ancien droit : « Ces
« aveux isolés ne peuvent avoir d'autorité à l'égard des autres ha-
« bitants qui n'y auraient pas concouru. »

On sait que l'aveu noble ou roturier était un acte essentiellement
authentique. Ceux que nous examinons en portent avec eux-mêmes
la preuve. Le premier, celui de 1652, est reçu « aux plets et
« ressorts du gage-plege de la terre et seigneurie du Montcanisy,
« tenue sur le fief et la cour du manoir seigneurial dudit lieu, par
« Jean Legrand, licencié ès-lois, avocat sénéchal de ladite sieurie,
« présence de M⁰ Blaize Turgeon, tabellion royal..... » Ceci
posé, c'était une doctrine incontestable de l'ancien droit que, dans
les actes authentiques *anciens*, de simples énonciations faisaient
pleine foi de leur contenu, non pas seulement entre les parties,
comme cela avait lieu pour les actes ordinaires, mais encore à l'égard
des *tiers : etiam contra alios et in præjudicium tertii.*

Ces énonciations renfermées dans les actes antiques ne prouvaient pas seulement à l'égard du tiers la réalité de leur existence,
mais encore la réalité du fait juridique qu'elles constataient, et
c'est en cela que consistait l'exception aux principes généraux,
exception consacrée par la maxime *in antiquis enuntiativa probant.*
Cette théorie, acceptée par tous les anciens auteurs, ne serait pas

reçue sans difficulté sous le Code, malgré l'autorité de Toullier
(t. VIII, n°° 64 et suivants). Mais ceci est de peu d'importance, puisque
les actes que nous invoquons ont tous été passés sous l'empire des lois
anciennes (1), et que leur force probante doit être appréciée d'après
ces mêmes lois. On conçoit, du reste, que la valeur des énonciations contenues dans les titres anciens ait été plus grande autrefois
que de nos jours. Sous l'ordonnance de Moulins de 1566, le commencement de preuve par écrit, qui permettait de recourir à la
preuve par témoins, n'avait pas besoin, comme sous le Code Napoléon (art. 1347), d'émaner du défendeur (2). L'ordonnance
de 1662 ne condamna pas cette jurisprudence et se contenta de
mentionner le commencement de preuve par écrit sans le définir
autrement, et la Cour de cassation a constamment jugé que, pour
les espèces nées avant la promulgation du Code, on peut encore
aujourd'hui considérer comme commencement de preuve une pièce
émanée d'un tiers étranger au litige.

Cette théorie incontestable sur l'efficacité des énonciations anciennes à l'égard des tiers, ajoute encore à la force probante des
quatre aveux rendus au roi par les seigneurs, en 1498, 1530, 1575
et 1678.

(1) Sed quod illa quæ per se aliquam fidem faciunt, non tamen plenam, ra-
tione antiquitatis pleniorem fidem faciunt. Non enim potest antiquitas de novo
inducere in totum probationem quæ nulla est, sed eam demum quæ aliqua est
coadjuvare..... et tunc propter antiquitatem stabitur his verbis enuntiativis, et
plenam fidem facient etiam si aliter non appareat..... *quoniam in antiquis verba
enuntiativa plene probant etiam contra alios, et in præjudicium tertii*, ut per
omnes scribitur....., etiam si essent incidenter et propter aliud prolata, ut enun-
tiatio confinium..... quanto fortius in his quæ principaliter et propter se enun-
tiantur..... (Dumoulin, *Commentaires sur la Coutume de Paris*, titre I, § 8, in
verbo *Dénombrement*, n° 77.)

(2) Prohibita non est edicto regio probatio per testes in summa quæ centum
libras superat, si vel tantillum scripto, cui fides adhibeatur, de re controversa
constiterit. (Mornac, ad *l. certi*, § *quoniam*, ff. *de rebus creditis*.)

53. Puisque les habitants de Deauville et de Tourgéville reconnaissaient pleinement au dernier siècle la propriété des Brancas sur les prés-marais, il n'est pas étonnant que, dans les différents actes qui se sont succédé jusqu'en 1789, cette propriété ait été aussi reconnue et par le Gouvernement et par les tiers qui traitaient avec les seigneurs du Montcanisy.

En 1772, un sieur Auger-Desfosses, de Rouen, et plus tard un sieur Riquier, présentèrent une requête au roi, en son conseil, pour obtenir la concession des marais de Deauville. Ils soutenaient que ces marais faisaient partie de ce qu'on appelait le Petit Domaine, sous le nom de *grèves royales*, et que d'après les principes alors en vigueur, la concession pouvait en être accordée à des particuliers. Sur cette demande, il fut nommé un commissaire chargé de faire un rapport sur la nature et la situation de ces marais ; ce rapport eut pour résultat de faire abandonner par l'État toute espèce de prétentions à la propriété de ces terrains, et les demandes en concession restèrent sans effet.

On lit dans le rapport du commissaire ces mots qui déterminèrent la décision : « *Il paraît au surplus que le marais de Deau-* « *ville appartient à M. de Lauraguais, suivant ses titres* (1). »

______

(1) Nous donnons ici le texte même du rapport du commissaire, parce qu'il fait parfaitement connaître la nature des prés-marais, en 1772, et qu'il écarte complètement l'idée qu'on pût les assimiler à des terrains non productifs, à des terres *vaines et vagues*.

« Monsieur, conformément à la lettre que vous m'avez fait l'honneur de « m'écrire, le 14 janvier dernier, sur la concession demandée par les sieurs « Auger et Riquier sur les marais de Deauville, j'ai fait vérifier si, comme ils « l'ont exposé dans leurs requêtes, les terrains de ces marais sont couverts « par la mer dans les temps des hautes marées.

« Il résulte, Monsieur, des vérifications que j'ai fait faire, que le marais « de Deauville n'est point couvert par la mer dans les hautes marées; on en « peut juger par l'examen même du plan produit par les sieurs Auger et Riquier.

« Ce marais *est séparé du rivage de la mer par une garenne qui appartient*

54. Dans tous les contrats de vente qui furent passés par le comte Antoine de Brancas à ses divers créanciers, en vertu de l'arrêt du 7 août 1787, le droit de M. de Brancas sur la propriété des

« à M. le comte de Lauraguais jusqu'à l'embouchure de la rivière ; dans les « marées ordinaires, la mer ne va pas jusqu'à cette garenne ; elle s'arrête à la « distance de vingt ou trente pieds. La garenne qui fait la séparation de la mer « avec les marais forme, dans sa partie la plus étroite, une distance d'au « moins un arpent, et l'on m'assure qu'on n'a jamais vu la mer traverser la « garenne. Le marais est d'ailleurs environné de toutes parts des autres pro- « priétés de M. de Lauraguais, qui jouit même de droits sur la rivière depuis « son embouchure jusqu'à plus d'un quart de lieue au-delà de l'autre extré- « mité du marais.

« Les terrains des marais étant entièrement enclavés dans la garenne et dans « les terrains dont M. de Lauraguais a la propriété, ne peuvent pas être consi- « dérés comme une grève amenée par la mer et qui par sa nature appartient « au roi ; ils ne sont point, comme on le prétend, couverts par la mer dans « les hautes marées. La mer les en défend par un intervalle considérable ; ils « ne sont chargés d'eau que par l'opposition accidentelle des grands flots « contre le courant de la rivière, lorsqu'elle est grossie par les pluies ou par « la fonte des neiges ; c'est ce qui arrive à toutes les prairies qui bordent les « rivières, même à plusieurs lieues de la mer.

« On m'assure, Monsieur, que ces irruptions sont rares et de peu de durée ; « que depuis le mois de mars jusqu'au mois de septembre le terrain du marais « n'est point couvert d'eau ; c'est alors un pâturage utile pour les bestiaux ; il « n'éprouve, lors des grandes inondations de l'hiver, qu'une submersion partielle « de quatre heures, après laquelle la marée, qui avait fait refluer la rivière, ve- « nant à se retirer, il ne reste plus d'eau dans le marais et on peut le tra- « verser.

« Mais on ne voit de ces grandes inondations que trois ou quatre fois dans « un hiver, et plusieurs se sont passés sans qu'il y eût un peu d'eau dans le « marais.

« La cause des irruptions est occasionnée par l'opposition du grand flot de « la mer contre le courant de la rivière, et leur peu de durée jointe à la cir- « constance que le marais de Deauville est séparé de la mer par la garenne de « M. de Lauraguais, doivent écarter toute idée de connexité entre le terrain de marais est formellement reconnue et considérée comme incontestable.

Ainsi, dans la vente passée au sieur Courtier, on lit les abornements suivants d'une pièce de terre : « Borne d'un côté vers « le nord le seigneur, à cause de la garenne ; d'autre côté ledit « seigneur, à cause de la pièce des Chardons ; *d'un bout vers le* « *levant ledit seigneur, à cause dudit marais de Deauville.* »

On y remarque également la clause prohibitive pour l'acquéreur d'envoyer paître les bestiaux « dans les *marais et dunes* « dépendants des paroisses de Deauville, de Bénerville, de Tour-« géville et de St-Arnoult, dans la terre de Montcanisy, *dont la* « *propriété lui appartient*, à cause du fief de Bénouville, de Bé-« nerville et de St-Arnoult, et sans que dans aucuns cas et sous « quelques prétextes que ce puisse être, ledit sieur Courtier et « ses héritiers ou ayant-cause, puissent prétendre user du *droit de* « *pacage* dans lesdites communes, marais et dunes, à cause de la « propriété des terres, ci-dessus vendue audit sieur Courtier, étant

« ce marais et ce qui constitue une garenne dont le roi aurait seul le droit de « disposer.

« Il paraît au surplus, comme j'ai déjà eu l'honneur de vous le marquer, que « *le marais de Deauville appartient à M. de Lauraguais, suivant ses titres,* et « que ses auteurs, après s'en être réservé quelques parties *pour former le pâ-« turage de trois fermes,* ont abandonné le surplus à leurs vassaux, à la « charge d'une redevance, et je crois qu'il y aurait de l'inconvénient à en faire « la concession soit au sieur Auger, soit au sieur Riquier.

« Je suis, etc. »

En marge se trouve une annotation que l'on attribue au célèbre Cochin, conseiller du roi, avocat au Parlement de Paris ; elle est ainsi conçue :

« M. Nardot, il suffit que la propriété du roi sur ces terres ne soit pas cons-« tante pour qu'on ne puisse pas conférer la concession ; c'est ce qui a déterminé « à refuser à ladite demande ; et il n'est pas possible d'y statuer. 21 jan-« vier 1773. »

« dans l'étendue desdites paroisses de Deauville, de Bénerville, de
« Tourgéville et de Saint-Arnoult. »

En interdisant à son acquéreur, comme nous l'avons déjà vu
pour le duc de Céreste, le droit de pacage dans les marais, le
comte de Brancas déclare par cela même que les habitants des
communes avaient des droits d'usage, mais rien que des droits
d'usage sur ces marais. Il affirmait en même temps, par une conséquence toute naturelle, que lui, ou plutôt ses enfants, en étaient
propriétaires.

La même réserve, les mêmes expressions caractéristiques de
*propriété* et de *droit de pacage* opposées l'une à l'autre se re-
trouvent dans le contrat de vente passé à M. de Basseville, le 24 août
1787; dans celui du 6 avril 1788, passé au profit des sieurs Joubert,
Mignionait et de la veuve Gaussel. Dans le contrat de M. de Basseville,
on lit aussi l'abornement suivant : « D'autre bout, vers le nord-ouest,
« *le seigneur à cause dudit marais* (de Deauville). »

On se rappelle que, par l'arrêt du 7 août 1787, divers biens
faisant partie de la terre de Montcanisy avaient été abandonnés
aux quatre enfants du comte Antoine de Brancas, pour les remplir
de leur tiers coutumier et de la substitution faite à leur profit par
la marquise de Lassay. Parmi ces biens figuraient, comme on l'a
vu, les marais de Deauville et de Tourgéville, estimés 40,000 liv.
La Cour souveraine, émanation du Conseil du Roi et du plus haut
pouvoir judiciaire de l'époque, reconnaissait donc, après examen,
que la propriété de ces marais appartenait à la famille de Brancas.

Sentence du<br>maître des Eaux<br>et Forêts,<br>du 6 mai 1704.

55. Pendant le XVIII<sup>e</sup> siècle, la juridiction du maître particulier
des Eaux et Forêts de la vicomté d'Auge, séant à Pont-l'Evêque, a
eu deux fois à s'occuper des marais et des réclamations des habitants de Deauville. En 1704, comme l'indique la requête des habitants : « plusieurs particuliers des paroisses circonvoisines s'a-
« visèrent d'envoyer pâturer leurs bestiaux sur lesdites communes

« sans aucun droit, ce qui portait un grand préjudice auxdits
« paroissiens, et leur faisait souffrir une perte considérable. » Les
habitants de Deauville se pourvurent devant le maître des Eaux
et Forêts, et obtinrent, le 6 mai, une sentence ainsi conçue :

« Nous avons, du consentement dudit procureur du roi, gardé
« et maintenu lesdits paroissiens de Deauville seuls dans leurs
« privilége et prérogative de mettre pâturer leurs bestiaux sur la
« commune de ladite paroisse ; défenses faites à toutes autres
« personnes d'y mettre aucunes bestes, à peine de confiscation au
« profit desdits habitants de Deauville, etc. »

Cette sentence s'accorde parfaitement avec l'idée que les habitants
ne sont que de simples usagers. Ils ne parlent, en effet, que de leurs
priviléges et prérogatives de mettre pâturer leurs bestiaux sur la
commune, et non d'aucun droit de propriété. Tout le monde sait,
d'ailleurs, qu'un simple usager, en sa qualité de possesseur d'un
droit réel, peut agir contre les tiers pour se maintenir dans ce
droit, sans l'intervention ni l'assistance du propriétaire. Il a entre
autres, la voie de la complainte possessoire, qui lui était donnée
sous l'ancien droit, et qui lui a été conservée par le Code de procédure civile (1), à la différence du fermier, qui n'a au plus que
la réintégrande.

Sentence
du 26 février
1782.

56. On a cité également une sentence de la même juridiction, du
26 février 1782. Le garde du comte de Brancas, le 18 février 1782,
dressa un procès-verbal contre les nommés Louis Dubosc et Saucisse, noms qui revivent dans tous les procès de la paroisse, pour
avoir râtelé et arraché des joncs de dessus les terriers et ram-
bouilles de la garenne « que le seigneur dit avoir à Deauville,
« Tourgéville et Bénerville, laquelle se borne d'un côté la mer,

(1) Rousseaud de Lacombe, v° *Usage*, n° 2 ; Poncet, n° 78 ; Proudhon,
*Droits d'usage*, n° 711, etc.

« d'autre côté *ledit seigneur pour les marais de Deauville*, et
« autres domaines à lui appartenant, etc. » Les défendeurs conclurent à la nullité du procès-verbal ; et il intervint une sentence
qui déclara, en effet, le procès-verbal nul, avec dépens.

Nous comprenons l'usage que la commune de Deauville voulait faire de cette pièce en première instance : « Ces documents
« produits par la commune, dit le Mémoire du 8 mai 1844, at-
« testent hautement que la prétendue garenne aux lapins de Deau-
« ville, Tourgéville et Bénerville , objet de la revendication des
« héritiers Auger, n'est et ne fut jamais qu'une partie intégrante
« des marais. » Nous sommes parfaitement d'accord avec nos adversaires ; sous le nom de *garenne* comme sous le nom de *dunes*,
en entendait dans les anciens titres, comme on l'entend encore
aujourd'hui, la partie fort restreinte des marais qui borde la mer
ou domine le terrain sablonneux. Les dunes, les garennes , le
marais ne forment qu'un seul tenant, soumis aux mêmes conditions, et qui ne peut avoir qu'un même propriétaire. Mais, aujour-
d'hui que devant la Cour la prétention insoutenable des héritiers
Auger ne se produit plus, nous nous demandons ce que signifie
la sentence de 1782, et la nullité du procès-verbal qu'elle prononce. Ce procès-verbal a pu être déclaré nul pour deux causes
également étrangères à la question de propriété du marais. Le
maître des Eaux et Forêts a pu considérer que les sieurs Dubosc et Saucisse n'avaient fait qu'exercer leur droit d'usage en
râtelant des joncs, et, par suite, les a relaxés des poursuites ;—
ou plutôt, ce qui est plus probable, d'après le dispositif même de
la sentence, le procès-verbal du garde a été annulé pour un vice
de forme, et nous ne voyons pas que le procès ait eu d'autres
suites.

57. Avant de terminer l'examen de tous les faits relatifs au procès
actuel, et antérieur à la révolution de 1789 , nous devons dire

quelques mots de deux points sur lesquels les communes ont insisté en première instance : le payement de diverses redevances
et taxes connues sous le nom de *droits d'amortissements*, de *franc-
fief* et de *nouveaux-acquêts*, et le non exercice du *triage* par le
seigneur de Montcanisy.

On se rappelle que, dans l'arrêt du 22 septembre 1693, on a
visé la production des habitants qui constate qu'en 1636 et 1637,
ils payèrent différentes taxes pour les droits de *franc-fief* et *nouveaux-acquêts*; que, pareillement, en 1640, 1641, 1642 et 1655,
ils payèrent différentes sommes pour le droit *d'amortissement*; le
tout pour les communes et marais situés dans les limites de la
paroisse.

Les habitants de Tourgéville, comme on l'a vu par leur déclaration, ont également payé des droits de *nouvel-acquêt* vers 1640.
La commune de Deauville a soutenu que le payement des droits
*d'amortissement* impliquait l'idée d'une véritable propriété sur les
marais ; mais elle n'a pas osé être aussi affirmative en ce qui
concerne les droits de franc-fief et de nouvel-acquêt.

On nommait *amortissement* le droit qui se payait au Roi, lorsque
des gens de main-morte, comme des communautés ecclésiastiques
ou laïques, devenaient propriétaires de quelques immeubles.

« La raison pour laquelle ce droit se paye, dit Denisart, v° *Amor-
« tissement*, n° 2, est que tous les fiefs et même les rotures, re-
« levant ou directement ou indirectement du Roi, il y a une perte
« réelle pour sa seigneurie universelle, lorsque les gens de main-
« morte acquièrent des biens dans le royaume ; car les biens
« qu'ils possèdent n'étant plus dans le commerce, ils ne sont plus
« sujets à être vendus, et par conséquent n'engendrent plus de
« droits seigneuriaux ; cela opère ce qu'on appelle *un abrègement
« de fief*, pour lequel il est juste que le souverain reçoive un prix
« qui l'indemnise. »

Ce droit d'amortissement était-il dû pour la propriété ou pour de simples droits d'usages? Il nous serait facile de prouver qu'il n'impliquait pas l'idée d'une propriété véritable ; mais la Cour, devant laquelle nous avons l'honneur de plaider, nous dispense de toutes recherches et de toute érudition inutile. Voici ce qu'elle a décidé dans son arrêt *de Beaumont C. les communes de Gatteville et autres.*

« Considérant que les aveux de 1303, du 7 mars 1626, l'arrêt
« de vérification du 13 janvier 1630, l'aveu du 22 février 1646,
« et l'arrêt de vérification du 7 mars même année, prouvent bien
« que les habitants de Gouberville avaient des droits sur la mare
« et les marais de Galtemare, mais ne prouvent pas qu'ils y eussent
« des droits de propriété ou de copropriété ; *qu'il en est de même*
« *des taxes qui furent imposées aux habitants de Gouberville en*
« *1640 et 1644, pour droits d'amortissement, parce qu'il est*
« *constant qu'à cette époque les droits d'amortissement étaient*
« *imposés aux communautés pour de simples usages* (1). » (Arrêt du
11 mai 1842, 2ᵉ ch.—Jurisp. de Caen, 1842, p. 292.)

---

(1) Ce ne fut qu'au commencement du XVIIIᵉ siècle qu'on distingua très nettement entre le *droit d'amortissement* payé par les gens de main-morte pour la pleine propriété, et le droit de *nouvel-acquêt* payé pour de simples usages. La Cour de Caen a eu raison de dire qu'en 1640 les droits d'amortissement étaient imposés aux communes pour de simples usages. La Déclaration du 19 avril 1639, rendue à Saint-Germain-en-Laye, est intitulée : Déclaration sur *l'amortissement* des biens ecclésiastiques et autres gens de main-morte. On peut lire le préambule, qui ne parle que des droits d'amortissement, et cependant, dans le corps de la Déclaration, nous trouvons ces mots :

« *Et au regard des communautés qui n'ont que de simples usages, desquels*
« *elles jouissent à titre de cens, redevances et autrement*, à l'arbitraire de nos
« dits commissaires, etc.....

« *Et à l'égard des communautés qui n'ont que de simples usages*, nous ferons,
« sur les rôles desdites taxes, expédier nos lettres d'assiette, scellées de notre
« grand sceau. »

Nous avons vu, dans la déclaration passée le 11 mars 1640, par la paroisse

58. Le droit de *franc-fief* proprement dit était dû au Roi par le roturier qui tenait un fief ou héritage noble ; mais, en notre matière, il n'a pas son sens ordinaire, et lorsqu'il est joint au mot de *nouvel-acquêt*, il signifie un certain droit payé aussi par les communautés ou gens de main-morte.

Ce droit de nouvel-acquêt était particulièrement imposé sur les démembrements de la propriété, et non sur la propriété elle-même. « Ce droit n'est dû que pour raison des héritages dont les gens de « main-morte ont seulement *l'usufruit* et non pas pour ceux dont « ils ont la propriété.....

« Le droit de nouvel-acquêt est aussi dû par les communautés « d'habitants pour les biens dont ils ont la possession et l'usage en « commun, tels que les droits de pacage, pâturage, chauffage, « glandée et autres usages, quelqu'ancienne que soit leur posses- « sion. » (Denisart, v°, *Nouveaux acquêts*.)

Nous voyons encore cité, dans l'arrêt de 1693, *un droit de confirmation*. Ce droit, plus connu sous le nom de *droit de joyeux avénement*, se payait au roi lors de son avénement à la couronne. D'après les différents édits et déclarations royales, il était dû,

de Tourgéville, que le droit sur la pleine propriété des biens possédés par les communautés, s'appelait alors indifféremment droit d'amortissement, ou droit de nouvel-acquêt. Les habitants de Tourgéville déclarent qu'ils n'ont qu'une commune de *deux acres et demie, ou environ*, ÉVIDEMMENT EN PLEINE PROPRIÉTÉ, car ils avaient, de temps immémorial, un droit d'usage sur leur marais, qui contient près de *cinquante acres*. Pour cette commune de deux acres, ils disent avoir payé « depuis trois ans en ça, 18 livres au receveur des *francs-fiefs* et *nouveaux-acquêts*, » et ils font cette déclaration sur la demande qui leur est faite des droits *d'amortissement*.

La Déclaration du Roi, du 9 mars 1700, est plus précise dans ses termes :

« Art. 9. Ordonnons que les sommes dont lesdites communautés laïques « seront redevables, *tant pour le droit de nouvel-acquêt de leurs usages, que* « *pour celui d'amortissement des maisons presbytérales*, seront imposées par les « intendants, etc. »

entr'autres, pour les *usages* des biens communaux des paroisses. (Denisart, v° *Joyeux avénement*, n° 5.)

Ainsi, des différentes taxes que les habitants de Deauville et de Tourgéville ont justifié avoir payé, les unes, comme les droits *d'amortissement* et de *confirmation*, d'après des autorités irrécusables, s'appliquent tout aussi bien aux *droits d'usage* sur les marais qu'à la *propriété* de ces mêmes terrains ; les autres, comme les droits de *franc-fief* et de *nouvel-acquêt*, ne sont en général relatifs qu'aux *droits d'usage*. Il n'y a donc absolument rien à conclure des pièces produites en 1693, en faveur de la prétention actuelle des communes; plusieurs de ces pièces, au contraire, démontrent irrésistiblement qu'elles étaient alors simplement usagères.

59. Dans l'un de ses derniers considérants , le jugement dont est appel s'exprime ainsi : « Attendu qu'il n'apparaît d'aucuns do- « cuments que les seigneurs de Montcanisy qui, en 1693, avaient « élevé la prétention d'être les maîtres absolus des terrains en « question, sans aucun partage, aient à aucune époque ultérieure « réclamé au moins le *triage* sur ces mêmes terrains. » — Ce qui suppose évidemment que les seigneurs du Montcanisy auraient pu demander le triage, et qu'ils ont à se reprocher de ne pas l'avoir fait.—Il faut voir d'abord ce que c'était que ce *triage*.

D'après la célèbre ordonnance des Eaux et Forêts de 1669 , les communautés d'habitants ne pouvaient partager les bois, prés, landes, marais, enfin les biens communaux, qu'elles possédaient. Toutefois, cette indivision forcée recevait une exception fort remarquable, lorsque les forêts ou les prairies avaient été primitivement concédées à titre purement gratuit par les anciens seigneurs. Ceux-ci pouvaient alors exercer sur les biens communaux le *triage*, c'est-à-dire qu'ils avaient le droit de faire distraire à leur profit le tiers des biens communaux situés dans l'étendue de leur siegneurie.

Le triage ne pouvait avoir lieu que sur les fonds possédés en *toute propriété* par les communes ; lorsqu'il ne s'agissait que de simples droits d'usages exercés par elle sur la propriété d'autrui, ce n'est pas par la voie du triage, mais par celle de l'aménagement, du cantonnement, qu'on pouvait, comme on le peut encore aujourd'hui, modifier ou intervertir leurs droits de jouissance.

L'introduction du triage était bien antérieure à l'ordonnance de 1669, puisque l'édit de 1667 anéantissait les triages faits depuis l'année 1630, comme ayant eu lieu dans des temps de troubles, et soumettait à une révision les triages adjugés avant 1630.— Lorsque la concession des forêts ou prairies avait été antérieurement gratuite, on considérait que le seigneur était resté copropriétaire avec les habitants, et que, par suite, en vertu de la maxime que *nul n'est tenu de rester dans l'indivision*, il avait le droit de provoquer le partage de ses biens. Seulement on lui en adjugeait la plus forte part, un tiers.

Il faut lire le texte même de l'ordonnance de 1669 :

Titre xxv, art. 4. « Si néanmoins les bois étaient de la con-
« cession gratuite des seigneurs, sans charge d'aucun cens, rede-
« vance, prestation ou servitudes, le tiers ne pourra être distrait
« ni séparé à leur profit..... Ce qui sera pareillement observé
« pour les prés, marais, îles, pâtis, landes, bruyères et grasses
« pâtures, où les seigneurs n'auront autre droit que l'usager, et
« d'envoyer leurs bestiaux en pâture comme premiers habitants,
« sans parts ni triage, s'ils ne sont de leur concession, sans pres-
« tation, redevance ou servitude. »

« Art. 5. La concession ne pourra être réputée gratuite, de la
« part des seigneurs, si les habitants justifient du contraire par
« l'acquisition qu'ils en ont faite, et s'ils ne sont tenus d'aucunes

« charges ; mais s'ils en faisaient ou payaient quelques recon-
« naissances en argent, corvée ou autrement, la concession pas-
« sera pour onéreuse, quoique les habitants n'en montrent pas
« le titre, et empêchera toutes distractions au profit des seigneurs,
« qui jouiront seulement de leurs usages et chauffages, ainsi qu'il
« est accoutumé. »

Ceci entendu, *il a toujours été légalement impossible aux
seigneurs du Montcanisy d'exercer le triage sur les prés et
marais contenus dans leur domaine.* En effet, si les seigneurs
considéraient les habitants comme *usagers*, ce qu'ils étaient en
réalité, le triage était impossible, puisqu'il n'avait lieu que contre
des habitants propriétaires ; s'ils leur contestaient leurs droits d'u-
sage, comme le fit le marquis de Montataire, en 1693, ils pouvaient
encore moins demander le triage, puisqu'ils se considéraient eux-
mêmes comme pleins et absolus propriétaires ; enfin, s'ils avaient
regardé les habitants, à leur tour, comme seuls propriétaires des
prés et des marais, ce qui, du reste, n'a jamais eu lieu, le triage
eût encore été impossible, puisque la redevance annuelle des habitants faisant pâturer leurs bestiaux écartait toute idée de concession gratuite, aux termes de l'ordonnance de Louis XIV (1).

Que devient alors l'objection du jugement de première instance?

60. Nous en avons fini avec la partie la plus importante, la seule
sérieuse de notre tâche ; nous avons montré que, d'après les titres
et les documents produits dans la cause, d'après les principes les
plus incontestables de l'ancien droit, la propriété des terrains aujourd'hui litigieux appartenait aux seigneurs de Montcanisy, que
représentent aujourd'hui mesdames de Frohen et de Schoën ; et

_________

(1) V. Henrion de Pansey, *Dissertations féodales*, v° *Communaux*, p. 460 et s.

que les communes intimées n'avaient jamais possédé que des droits
d'usage. Dès lors, la demande des Appelants est entièrement jus-
tifiée, et rien ne peut s'opposer à leur action en cantonnement,
que nous plaçons sous le patronage imposant d'un arrêt célèbre de
la Cour de Caen (*Compagnie du Cotentin et commune de Saint-
Sauveur-le-Vicomte, C. les représentants du duc de Coigny*):

« Considérant. dit cet arrêt, qu'en Normandie le pâturage dans
« les terres incultes, vaines et vagues (1), était plutôt le signe
« d'un simple droit d'usage que celui d'une possession à titre de
« propriété ; que lorsque le tréfoncier voulait cesser de jouir en
« commun avec les usagers, ceux-ci ne pouvaient s'y refuser,
« ce qui donnait ouverture à un partage ou aménagement qui
« n'était autre chose que le cantonnement, qui a pris place dans
« notre législation actuelle, et dont l'effet est de rendre libre la part
« de chacun en lui donnant des limites. »

(Arrêt de la 1re chambre, du 3 juillet 1845 ; Jurisp. de la Cour
de Caen, 1845, p. 504.)

Nous pourrions donc nous arrêter ici, puisque le tribunal de
première instance ne s'est appuyé que sur les titres et les lois
anciennes, et que nous croyons l'avoir combattu victorieusement
sur ce terrain. Quelque bonne opinion qu'il eût du droit des communes, il n'a osé l'appuyer ni sur la *prescription, ni sur les lois
du 28 août 1792 et du 10 juin 1793.* Cependant, comme dans

---

(1) Les terrains dont il s'agit au procès actuel ne sont pas, comme nous l'a-
vons déjà vu, des *terres incultes, vaines et vagues,* mais bien des terrains *productifs*, aussi fertiles que le reste de la vallée d'Auge, dans les lieux qui
avoisinent les rivières. Nous reviendrons sur ce point ; mais le considérant de
l'arrêt de Caen n'est pas moins applicable *à fortiori*, puisque si, en Normandie
le pâturage est le signe d'un droit d'usage dans les terres incultes, vaines et
vagues, il ne saurait être, à plus forte raison, le signe de la propriété, quand
il s'exerce sur des terrains productifs.

leurs écrits, les communes ont invoqué ces divers moyens, il devient nécessaire de les examiner avec quelque détail.

61. En ce qui touche la *prescription*, il suffit de rappeler les textes mêmes du Code Napoléon.

Ceux qui possèdent pour autrui, à titre précaire, tels que l'usufruitier, et par conséquent l'usager, ne prescrivent jamais la propriété, par quelque laps de temps que ce soit.

Ils ne peuvent prescrire contre leur titre, en ce sens qu'ils ne peuvent se changer à eux-mêmes la cause et le principe de leur possession.

Il faudrait, pour que ces détenteurs précaires, ces usagers, pussent acquérir la propriété, que leur titre se trouvât interverti.

Il ne peut l'être que de deux manières : par la contradiction qu'ils ont opposée au droit du propriétaire, ou par une cause venant d'un tiers. (Art. 2236, 2238, 2240, C. Nap.)

Voilà les principes, écrits dans les lois romaines, consacrés par notre Code, développés par les auteurs et la jurisprudence.

« Dès qu'il apparaît du titre primitif (disait Dumoulin, dans une consultation « datée du 4 août 1554, pour les consuls et habitants de Francfort, contre les « chanoines des trois chapitres de la ville), il est présumé et même prouvé « clairement que la possession qui s'en est ensuivie a été acquise, formée et « qualifiée selon la nature et qualité des titres dont il apparaît ; et la posses- « sion, qui est une fois formée et imprimée dans cette qualité, quand elle serait « continuée par mille ans, est toujours censée continuée dans la même qua- « lité, parce que nul ne peut se changer à soi-même la cause de sa possession « ou quasi-possession. »

Ce jurisconsulte continue en disant qu'on ne peut commencer la prescription, par quelque temps que ce soit, contre son propre titre ; que l'écriture veille toujours, parle toujours, comme si l'acte venait d'être récemment fait : *scriptura semper vigilat, semper loquitur, et sic semper adhuc hodie sumus in initio.* (T. 2, édit. de 1681, p. 638.)

62. Ecoutons Henrion de Pansey, le dernier et le plus savant des feudistes : (*Dissertations féodales*, v° communaux, § 20, p. 464.)

« *Cum apparet titulus, ab eo possessiones legem accipiunt*, voilà la règle de
« cette matière.

« En vain les habitants établiraient-ils que, depuis des siècles, ils jouissent
« et disposent *en vrais propriétaires*, et cela *sous les yeux du seigneur*, et sans
« réclamation de sa part, si les *titres de la seigneurie* prouvent que la commu-
« nauté n'a qu'un simple droit d'usage sur les bois, pâturages et marais, à
« l'instant où *ces titres paraissent, on s'y réfère*. On regarde les actes posses-
« soires des habitants comme l'effet de l'usurpation, et les reconnaissances
« du seigneur comme l'effet de l'erreur et de la surprise, et des siècles
« de jouissance sont comptés pour rien. Cette possession, dit Mornac, sur la
« loi 13, *ff. de publiciana in rem actione*, eût-elle duré trois siècles, n'est
« d'aucune considération, parce qu'elle est contraire au titre. *Si contra titulum*
« *possessum est, etiam per trecentos annos, dominium revocatur a tali possessore.*

« Ainsi, la possession de l'usager, quel qu'en soit le caractère, ne prouve
« autre chose que la jouissance précaire, c'est-à-dire l'usage même. S'il a fait
« des actes *indicatifs de la propriété*, on ne les regarde que comme des exten-
« sions abusives de son droit d'usage, à moins qu'il ne prouve l'interversion
« des anciens titres et la cause du changement de sa possession.

« Ce principe est consacré par un grand nombre de jugements émanés de
« tous les tribunaux, et notamment du Conseil du Roi, où ces sortes de contes-
« tations se portent le plus fréquemment. On va voir que dans les espèces
« jugées par ces arrêts, les habitants originairement usagers avaient disposé,
« et depuis longtemps, des bois *en vrais propriétaires, et que leur propriété*
« *avait été reconnue par les seigneurs eux-mêmes*. Néanmoins, les anciens titres
« ont prévalu.

« Dunod, *Traité des prescriptions*, page 50, rapporte trois arrêts des années
« 1638, 1700 et 1717. Le premier, sur la représentation du titre primitif, dé-
« boute les jésuites de leur prétention à la propriété d'un bois sur lequel ils
« exerçaient, depuis cent ans, *des actes de propriétaires*. Les deux autres ré-
« duisent pareillement, aux termes des anciens titres, une possession de soixante
« ans, appuyée de reconnaissances.

« Un arrêt du parlement de Paris, de l'année 1672, a jugé suivant les mêmes
« principes, contre les religieux de l'abbaye de Longpont et ceux de Vallery.
« Un droit d'usage avait été concédé originairement à ces abbayes dans un

« canton de la forêt de Villers-Cotterêts. Ces religieux avaient transmué la
« domination *d'usage* en celle de *tréfond.* Ils s'étaient attribué la qualification
« de *tréfonciers.* Ils s'arrogeaient, à ce titre, le tiers du prix de la vente des
« bois; *plusieurs siècles avaient confirmé* cette usurpation, M. le duc d'Or-
« léans se détermina enfin à réclamer ses droits. Les titres originaux furent
« produits et prévalurent sur la longue possession des religieux, même sur des
« reconnaissances dont ils tiraient avantage.

« Nous avons dit que telle était également la jurisprudence du conseil du Roi.

« En 1726, le marquis de Porens avait obtenu un jugement du conseil,
« portant renvoi devant le grand-maître des Eaux-et-Forêts du comté de Bour-
« gogne, pour être procédé au cantonnement des bois assis sur le territoire de
« Fondremont. Les habitants s'opposèrent à cette opération, sur le fondement
« que, *de temps immémorial*, ils étaient *en possession de la propriété* de ces
« mêmes bois. Un grand nombre d'actes prouvaient effectivement cette posses-
« sion. Une circonstance remarquable militait en leur faveur. *Le seigneur lui-
« même avait acquis d'eux des portions de forêt;* mais on voyait clairement que,
« dans l'origine, ils n'étaient qu'usagers, et le titre d'interversion ne paraissait
« pas. Arrêt du conseil d'Etat du 20 mars 1727, qui déboute les habitants de
« leur opposition, et ordonne qu'il sera passé outre au cantonnement. Le 9
« août 1729, même décision des commissaires généraux du conseil, entre le
« comte de Versel et les habitants du même lieu.

« Trois autres préjugés, émanés pareillement du conseil, méritent une
« singulière attention.

« Les habitants de Villers-Sexel étaient en possession de deux cents arpents
« de bois. Le comte de Ciramont, leur seigneur, les avait regardés comme
« propriétaires. Lorsqu'il s'était agi de la réparation de son château, *il s'était
« adressé à eux pour obtenir du bois.* Les lettres qu'il leur avait écrites à ce
« sujet étaient produites; *chacune de leurs expressions était une reconnaissance
« de la propriété des habitants.* Ce même seigneur, mieux instruit de ses
« droits, se pourvoit au conseil et demande le cantonnement. A la longue
« possession des habitants, *à ses propres reconnaissances*, il oppose les titres
« anciens, et, par arrêt du 23 juin 1733, sa prétention est accueillie.

« Une décision du même tribunal, en date du 11 avril 1740, ordonne de
« même le cantonnement, sans égard à des enquêtes judiciaires, faites à la
« requête des habitants de Menoux, ni aux assiettes auxquelles ils avaient fait
« procéder, ni à la multitude d'actes qui annonçaient *leur propriété de la manière
« la plus positive.* Le conseil n'a eu égard qu'aux seuls titres primordiaux.

« L'autorité des titres anciens vient encore d'être consacrée de nouveau par
« un jugement du même tribunal de l'année 1770. Le marquis de Requet
« demandait le cantonnement des bois assis sur le territoire de Requet et
« d'Epison. Les habitants se prétendaient *propriétaires. Ils rapportaient une
« foule d'actes* à l'appui de cette prétention. Ils coupaient, depuis plus de cent
« ans, les bois à leur profit. *Les seigneurs avaient plusieurs fois reconnu leur
« propriété. Ils avaient même acquis des habitants d'Epison le fonds et la
« superficie de cent soixante-deux arpents de bois. Mais des titres très-anciens
« réduisaient les habitants à un simple usage*, et le cantonnement a été or-
« donné. »

**63.** On peut encore voir , sur la même question , M. Troplong ,
*Prescription* , n° 522 et suiv.

La Jurisprudence s'est prononcée un grand nombre de fois
dans le même sens.

Nancy, 31 mai 1833 (Troplong, *Prescription*, t. 2, n° 534).

Dijon, 22 janvier 1833 (Sirey, 38—1—983).

Pau, 21 août 1838 (Dalloz, 39—1—227).

Cassation, 18 juin 1851 (Sirey, 1851—1—731).

Toute la question se réduit donc à ce point : Les communes
intéressées ont-elles possédé, au début de leur possession, à titre
d'usagères , à titre précaire? — Nous avons démontré l'affirmative.

Dès lors , leur possession est restée précaire et n'a pu les
conduire à l'acquisition de la propriété , pas plus pendant le
XVIIIᵉ siècle que pendant la première moitié du XIXᵉ.

Il faudrait qu'il y eût eu interversion dans leur titre.

*Cette interversion ne résulte pas de leur fait, d'aucune con-
tradiction opposée au droit du propriétaire,*

*Ni d'une cause venant d'un tiers , telles que seraient les lois
de 1792 et de 1793.*

Ce sont ces deux derniers points qu'il s'agit maintenant d'é-
tablir; il suffit d'affirmer les premiers.

**64.** Nous nous demandons quel serait le fait émanant des communes qui constituerait l'interversion?

On ne peut citer aucun acte, aucune contradiction judiciaire de leur part, avant le moment où elles ont été actionnées par les héritiers Auger. Elles ont joui, depuis 1789 jusqu'en 1830, absolument de la même manière que pendant les siècles précédents ; elles ont mené paître leurs bestiaux sur les terrains litigieux, sur les *communes*, et n'ont pas fait autre chose que ce qu'elles faisaient autrefois. Seulement elles n'ont pas payé de redevance. Mais nous avons montré que, dans un certain système, ces redevances avaient pu être abolies par les lois de la Révolution, sans que la qualité d'*usager* eût reçu aucune atteinte ; et, d'ailleurs, ces redevances eussent-elles continué de subsister légalement, comme nous le croyons, le non paiement par l'usager ne constituerait pas une contradiction.

**65.** « On ne peut considérer comme une contradiction véritable, dit M. Troplong, la seule cessation du paiement des redevances auxquelles on est assujetti. D'Argentré en fait ressortir ce point de droit avec force, et l'on me saura gré de placer ici l'extrait suivant de son ouvrage, aujourd'hui peu connu et peu consulté :

« Nec enim a simplici abnutivo inchoari potest præscriptio,
« sed ita demum si *interpellanti* locatori domino colonus *solutionem*
« *denegaverit*, atque ita se in possessionem quasi libertatis asse-
« ruerit, et dominus acquieverit, id est, nullam litem intenderit
« totis 30 annis. Hæc enim sola ratio est asserendæ libertatis in
« juribus negativis ac per hoc inchoandæ præscriptionis, si, *præter*
« *non solutionem*, etiam factum coloni proclamantis ad libertatem
« accesserit. Hinc illa sententia F. Aretini, simplicem cessationem
« solutionis non idem efficere in præscriptionibus, quod denegationem
« et recusationem ; quia non solutio tribuatur potius oblivioni et
« incuriæ domini quam facto conductoris et inquilini. »

« Ainsi, l'on tomberait dans une grande erreur, si l'on voyait une contradiction dans une abstention, dans un fait négatif ; il faut nécessairement une dénégation formelle, un refus positif, un désaveu du droit contre lequel on prescrit.

« Dunod enseigne la même doctrine : « Il ne suffirait point, par « exemple, dit-il, de ne point satisfaire aux droits seigneuriaux « et aux devoirs qui seraient ordonnés, *ou dont on est requis, si* « *l'on ne disait, en même temps, qu'on y est pas sujet;* ce ne « serait pas assez qu'un fermier prétendît jouir comme maître, « s'il ne l'avait pas manifesté par quelqu'acte, quand même il « demeurerait 100 ans sans payer le prix de la ferme, parce qu'il « paraît au-dehors sous la qualité de fermier. Il en est de même « du vassal et de l'emphytéote qui ne secouent pas le joug du « domaine direct, par la seule cessation des devoirs et discontinua- « tion des paiements qui n'ont rien de contraire à la possession du « maître, *quod solo animo retinetur.* C'est, dit Duperrier, une « maxime dont on ne dispute plus à l'école et au Palais. » (Trop- long, *de la Prescription,* n° 513.)

66. Un arrêt de la Cour de Poitiers, du 26 février 1850, contre lequel le pourvoi a été rejeté par la Cour de cassation, le 18 juin 1851 (*héritiers de Lusignan C. la commune de Benet et autres*), nous dispense de plus longs développements sur ce sujet. Cet arrêt refuse de voir des interversions de titres dans une série d'actes très caractéristiques, et pose les véritables principes en pareille matière. Il résume et met en lumière tout ce que nous avons dit sur le droit corrélatif des anciens seigneurs et des paroisses :

« Attendu que dans un acte d'assemblée, daté du 1ᵉʳ août 1634, « les habitants du Mazeau, réunis hors la présence du seigneur et « appelés à délibérer sur une réclamation de droits de nouvel- « acquêt, déclarent formellement que la propriété des marais ap-

« partient au seigneur de Benet, et qu'ils n'y ont que des droits
« d'usage et de pacage pour lesquels ils payent chaque année
« audit seigneur quatre sols par *feu de cens* ou *de taille* au regard
« des hommes ; que ce pacte produit en forme suffirait à lui seul
« pour établir le droit de propriété des héritiers de Lusignan ;

« Attendu qu'aux termes de l'art. 2238 du Code civil, conforme
« aux anciens principes, l'usager qui a commencé à détenir pré-
« cairement ne peut prescrire que dans le cas où le *titre de sa*
« *possession* aurait été interverti, soit par une cause venant d'un
« tiers, soit par la contradiction qu'il aurait opposée aux droits du
« propriétaire ; *que le doute ne soit pas possible* sur la nature de
« la possession nouvelle, et *qu'elle soit absolument indépendante*
« *de la jouissance provenant du droit d'usage ;*

« *Attendu que les communes ne peuvent trouver un germe d'in-*
« *terversion dans l'art.* 8 *de la loi des* 28 *août et* 14 *septembre*
« 1792 ; que ces mots : *marais communs,* interprétés sainement
« d'après la demande du sieur de Lusignan, ne signifient autre
« chose que des *droits d'usage ;*

« Attendu que l'inscription des communes de Benet, de Lesson,
« du village du Mazeau au rôle des impôts et sur les tables cadas-
« trales, n'est pas un acte qui puisse être considéré comme une
« contradiction, à l'encontre du propriétaire ; que le gouvernement,
« chargé de la répartition des contributions, impose le possesseur
« apparent et le frappe même des droits de mutation, sans avoir à
« rechercher quel est légalement le véritable propriétaire.

« Que c'est donc en vain que les intimés (les habitants des com-
« munes) produisent et invoquent *des titres nombreux relatifs à*
« *l'établissement, à la répartition, à la mutation et au payement*
« *de l'impôt ;* que les mêmes principes et la même distinction s'ap-
« pliquent aux autres titres produits pour établir que les communes
« ont payé diverses contributions pour *les travaux de dessèche-*
« *ment et d'assainissement des marais ;*

« Attendu que les défenseurs au procès ne *peuvent trouver une*
« *contradiction légale dans une série de procès-verbaux et de*
« *quittances établissant que, pendant de longues années, elles ont*
« *vendu, aux enchères publiques, après avoir rempli les formalités*
« *qui précèdent ces ventes*, les produits des marais ; que ces ventes
« n'ont jamais été dénoncées au propriétaire.

« Attendu qu'une délibération prise par les habitants, en 1792,
« dans le but d'expulser quelques individus qui avaient usurpé des
« parcelles de terrain, et une assignation donnée plus tard dans le
« même objet, *ne sont pas des actes sérieux de contradiction, que*
« *les usagers avaient le droit d'exercer cette action comme le pro-*
« *priétaire lui-même ;*

« Attendu qu'il faut en dire autant des délibérations prises en
« l'an VII pour les communes, relativement à un projet d'aliénation
« du marais ; d'une procédure administrative faite en l'an XI pour
« arriver à un cantonnement, afin de vendre plus tard ces ma-
« rais, et de l'arrêté du préfet de la Vendée, qui, considérant les
« communes comme propriétaires, dit qu'il y a lieu d'approuver
« le cantonnement et l'aliénation ;

« Attendu que les communes ont placé sous les yeux de la Cour
« un acte de l'autorité administrative, qui les a autorisées, en 1808,
« à faire une enquête *de commodo et incommodo* sur la question
« de savoir s'il y avait lieu à faire déguerpir les individus qui
« s'étaient emparés de quelques portions de terrains, *le procès-*
« *verbal de cette enquête*, UNE LOI DU 21 AVRIL 1810, *insérée au*
« *Bulletin des lois, qui donne aux communes la qualité de pro-*
« *priétaires, et les autorise à céder ces terrains ;*

« Attendu qu'il ne suffit pas de prendre publiquement, *même*
« *dans les actes les plus authentiques, la qualité de propriétaire*
« pour contredire et intervertir un titre ; qu'il faut un acte d'hos-
« tilité qui s'adresse directement au propriétaire réel lui-même ;
« *que la vente par l'usager d'une partie de l'immeuble soumis à*

« *l'usager peut devenir la source d'une prescription de la part*
« *de l'acquéreur contre les propriétaires, mais non de la part de*
« *l'usager contre le propriétaire ;*

  « Attendu qu'il en est de même de la qualité de propriétaire prise
« de l'année 1808 à 1845, par la commune de Benet, dans une
« instance relative à la propriété du marais, pendante entre elle et
« la commune de Coulon ; que le sieur de Lusignan n'a jamais été
« mis en cause dans ce procès, et aurait pu former tierce-oppo-
« sition à l'arrêt ; que les communes ne peuvent tirer avantage
« *d'une ordonnance royale de 1825 qui a autorisé le partage* des
« marais entre les diverses communes usagères et les partages qui
« l'on suivi ; *que cette ordonnance et ces partages n'ont pas changé*
« *la nature de leurs droits ;*

  « *Attendu qu'en leur qualité d'usagères, les communes avaient*
« *le droit de demander aux Tribunaux la répression* des délits
« commis dans les marais, et *qu'elles ne peuvent argumenter comme*
« *d'un titre de propriété,* des plaintes par lesquelles elles les ont
« déférées aux magistrats ;

  « Attendu que les *propriétaires ont toujours le droit de demander*
« *le cantonnement contre les usagers ;* que, quels que soient le
« nombre de ces usagers, ils ne leur doivent qu'un seul cantonne-
« ment ; *que la part du terrain à accorder aux usagers doit être*
« *réglée d'après l'importance et l'étendue des droits d'usage;* que
« les héritiers de Lusignan offrent de concéder un tiers de la
« propriété ; que cette offre est en rapport avec la valeur des droits
« d'usage ;

  « La Cour donne acte aux héritiers ; dit qu'il a *été mal jugé,*
« *bien appelé ;* met le jugement à néant, etc. ; ordonne que les
« *marais seront cantonnés, et qu'un tiers en valeur* desdits marais
« sera attribué aux communes ;

  « Que les deux autres tiers demeureront la propriété des léga-
« taires du sieur de Lusignan, *libres de toutes charges et servi-*

« *tudes*, que lesdits prés-marais seront vus, visités, estimés par......
« afin d'en constater la valeur et l'étendue, etc. »

67. Les communes de Deauville et de Tourgéville, qui ne peuvent
trouver en elles-mêmes de cause d'interversion de leur possession
conduisant à la prescription, la trouveront-elles dans les lois de
1792 et de 1793 ?

La loi du 28 août 1792, dans son art. 8, permet aux communes de se faire réintégrer dans la propriété et possession des
biens ou droits d'usages dont elles auraient été *anciennement dépouillées*, en tout ou en partie, par des ci-devant seigneurs.....,
à moins que les ci-devant seigneurs ne représentent un acte authentique qui constate qu'ils ont légitimement acheté lesdits biens.
. Pour que l'action des communes soit admise contre les ci-devant
seigneurs, il faut, avant tout, une condition qui ne se présente pas
ici. Les anciennes paroisses n'ont jamais été dépouillées; elles ont
été au contraire enrichies par la puissance féodale. Elles ne prétendent pas avoir eu autrefois une possession plus étendue que
celle qu'elles avaient en 1792 ; tout le monde est d'accord sur les
signes extérieurs, sur l'étendue de leur jouissance : on ne combat
que sur le caractère juridique de cette possession. Il n'y a donc
pas d'application à faire de l'art. 8 de la loi de 1792.

68. Cette loi du 28 août 1792, en ce qui concerne les terres vaines
et vagues, se contentait d'en adjuger la propriété aux communes,
sous la condition de les revendiquer contre les seigneurs dans le
délai de cinq ans, à moins que les ci-devant seigneurs ne prou-
vassent, par titres ou par possession de quarante ans, qu'ils en
avaient la propriété (art. 9).

La loi du 10 juin 1793 alla beaucoup plus loin. Nous ne juge-
rons pas cette loi que les tribunaux doivent appliquer. Contentons-
nous de la qualifier d'excessive. Elle déclara, dans l'art. 1er de la

section IV, que tous les biens communaux connus sous le nom de terres vaines et vagues, etc., appartenaient de leur nature aux communes dans le territoire desquels ils étaient situés.

C'était une véritable confiscation.

Toutefois, l'art. 8 permettait encore aux seigneurs d'opposer aux communes, non plus la possession de quarante ans, mais bien un *titre légitime*, « et ce titre légitime ne pourra être celui « qui émanerait de la possession féodale, mais seulement un « acte authentique qui constate qu'ils ont légitimement acquis « lesdits biens, conformément à l'art. 8 du décret du 28 « août 1793. »

69. La première condition pour qu'on puisse appliquer cette loi fameuse de 1793, c'est que les biens litigieux soient des terres *vaines et vagues*, c'est-à-dire, comme tout le monde en convient, non *productives*. Cette condition est loin de se rencontrer dans le procès actuel, et le tribunal de Pont-l'Evêque l'a reconnu lui-même.

En première instance, les communes, pour repousser la revendication insoutenable des héritiers Auger, s'opposaient avec raison à ce qu'on fît aucune distinction dans les biens revendiqués. Ils forment, en effet, un seul corps, ayant différents noms selon les différentes parties, mais soumis aux mêmes lois et aux mêmes conditions de tenure. On ne saurait se méprendre sur le mot *marais*, qui a toujours désigné ces biens. Nous avons expliqué que le caractère du sol était le même que celui d'une très grande partie de la vallée d'Auge, périodiquement inondée, et qui n'en est que plus fertile. Dans ce pays, les biens productifs par excellence n'exigent aucune culture, aucun engrais. La main de l'homme y amène les bestiaux pour les y faire paître; c'est là son seul office. L'idée de *culture*, de *travail* n'est donc pas associée à celle de terrain *productif*, et il faut bien se garder de considérer comme une terre *inculte*, une terre *vaine et vague*, celle qui ne donne que des produits naturels. Les produits naturels font précisément la richesse de cette partie opulente de la Normandie. On a vu dans le rapport du commissaire nommé, en 1772, pour examiner la demande en concession du sieur Riquier, que ces marais étaient alors essentiellement productifs et d'un grand rapport.

La jurisprudence est unanime sur ce point.

Un arrêt de la Cour de cassation, du 14 vendémiaire an IX, juge qu'un bien qualifié *marais*, mais qui donne des produits, n'est pas un terrain vain et vague. (Sirey, *Collect. nouv.*, t. 1, p. 373.)

Même décision, le 10 fructidor an XIII. (Sirey, *Coll. nouv.*, t. 2, p. 156.)

Des terres laissées en friche ne sont pas non plus des terres vaines et vagues ;

(Cassation, 31 mai 1826 ; — Sirey, *Coll. nouv.*, t. 8, p. 350.)

Ni des étangs. (Cass., 3 janvier 1842 ; — Sirey, 1842-1-255.)

Des *pâtures* ont été regardées par la Cour de Pau, le 6 juillet 1838, comme des terrains vains et vagues , mais la définition que donne l'arrêt cité des pâtures, exclut toute idée d'application aux prés des bords de la Touques :

« On entend, en général, par pâtures, des terrains marécageux
« ou trop arides, produisant une herbe d'une qualité très inférieure,
« qu'on ne récolte pas comme le foin des prairies proprement
« dites, et qu'on fait brouter sur pied par les bestiaux. » (Dalloz, Répert., v° *Communes*, n° 2076.)

Si tous les prés où l'on ne récolte pas du foin , et qu'on fait brouter sur pied étaient des terres vaines et vagues, toute la vallée d'Auge serait, depuis 1793, un bien communal. Il est vrai qne les pâtures et les marais du pays d'Auge ne produisent pas une herbe d'une *qualité très-inférieure*.

Un arrêt de la Cour de cassation , du 12 mai 1812, cassant

un arrêt de la Cour de Caen, du 20 juin 1811, a admis qu'une *bruyère* n'était pas un terrain vain et vague (Sirey, *Col. nouv.*; t. 4, p. 349).

Enfin, la Cour de Caen vient de décider dans un arrêt du 2 janvier 1855 (*Schnetz C. la commune de St-André-de-Messey*), *qu'un terrain quoique à l'état de marais n'a jamais pu être considéré comme terrain vain et vague.*—Il s'agissait cependant d'un véritable marais, produisant des roseaux, et situé près de la ville de Flers. Que dira la Cour en présence des marais de la vallée d'Auge, qui sont de véritables prairies, aussi fertiles que le reste de la contrée ?

Au surplus, si la Cour pouvait éprouver la moindre hésitation, nous avons demandé en première instance, et nous demanderions encore devant la Cour, en cas de méconnaissance, une visite de lieux, qui suffirait pour éclairer pleinement la justice. Le tribunal de Pont-l'Evêque, qui connaissait parfaitement les localités et la nature des terrains en litige, ne s'y est pas trompé un seul instant; et s'il s'est dispensé d'entrer dans l'examen de la loi de 1793, c'est qu'il savait bien que, vu le caractère productif des marais, cette loi ne pouvait recevoir aucune application dans l'espèce.

La conséquence de ce que ces terrains sont productifs, c'est qu'ils ne pourraient être attribués aux communes qu'en vertu de l'art. 8 de la loi du 28 août 1792, c'est-à-dire *si elles justifiaient qu'elles ont été dépouillées de la propriété de ces biens par un abus de la puissance féodale.* Or, nous avons vu que cette question ne pouvait pas même être soulevée.


70. Encore bien que la supposition soit impossible, nous devons maintenant admettre que les prés-marais des bords de la Touques sont des terres improductives, vaines et vagues. En se plaçant à cet étrange et nouveau point de vue, les communes intimées

réussiront-elles davantage à se faire attribuer la pleine et entière propriété qu'elles réclament ? — Nous allons montrer, en finissant, qu'elles n'en devraient pas moins perdre complètement leur procès.

C'est un point hors de toute contestation aujourd'hui que les communes, pour profiter de l'attribution de propriété sur les terres vaines et vagues qui leur est faite par la loi du 10 juin 1793, ont dû former leur demande dans le délai de cinq ans, à partir de cette loi. La loi de 1793, quant à la prescription de l'action des communes, n'a pas abrogé l'art. 9 de la loi du 28 août 1792. C'est ce qu'ont unanimement reconnu : Merlin, *Rép.*, v° *Prescription*, § 4 ; Proudhon, *Usufruit*, n° 2852 ; et M. Troplong, *Prescription*, n° 198. — C'est aussi ce que décide une jurisprudence constante.

Cass., 16 juillet 1812 ; (Dalloz, *Répert.*, v° *Commune*, n° 2147.)

Cass., 28 janvier 1817 :     *ibid.*

Cass., 9 décembre 1828 ;     *ibid.*

Cass., 25 juillet 1831 ;     *ibid.*

Cass., 14 mars 1834 ;     *ibid.*

Cass., 10 août 1842 ;     *ibid.*

Amiens, 23 novembre 1842 ; *ibid.*

Orléans, 18 mars 1839.

Le pourvoi contre ce dernier arrêt a été rejeté par la Cour de cassation, le 26 novembre 1839 (*Journ. du Pal.*, 1840—1—p. 42. —Sirey, 1840—1—130).

« Attendu, dit l'arrêt d'Orléans, que la commune n'a réclamé le bénéfice « des lois de 1792 et 1793, ni dans le délai spécial de cinq ans, accordé par « l'art. 9 de la loi du 28 août 1792, ni dans le délai commun de trente ans ; « que par les motifs qui seront développés à l'égard de la question de pres- « cription, elle ne peut invoquer la maxime : *temporalia ad agendum, perpetua* « *sunt ad excipiendum*, établie seulement en faveur du possesseur à titre « non précaire. »

**71.** Sans doute, il a été jugé,—et c'est un point que nous n'entendons pas contester, — que cette déchéance, résultant de l'expiration de cinq années, n'était pas opposable aux communes qui possédaient les terres vaines et vagues à l'époque de la loi de 1793; mais il est constant que cette possession, qui interrompt la prescription en faveur des communes, doit être une possession *animo domini*, à titre de propriétaire, capable de transférer la pleine propriété aux communes, si elle se prolongeait pendant trente ans. C'est dire que la possession à titre d'usager est complètement inefficace et qu'elle n'a pas suffi à relever les communes de la déchéance encourue.

**72.** Or, nous avons démontré que la possession et la jouissance des communes de Deauville et de Tourgéville n'avaient jamais eu lieu qu'à titre précaire, à titre d'usagères. Cette possession, pendant les cinq années qui ont suivi 1793, n'a été ni plus complète ni plus étendue que ce qu'elle était auparavant; elle a conservé le même caractère. Les communes intimées n'osent pas même alléguer qu'elles aient exercé à cette époque des actes de possession différents de ceux qui avaient lieu aux époques antérieures. Les bestiaux des habitants ont pris leur pâture dans les prairies, comme ils l'y prenaient de temps immémorial. Il n'y a pas eu de travaux de culture, de constructions, de ventes, de partages, faits par les communes. Celles-ci n'ont pas même manifesté l'intention d'intervertir leur titre, en vertu de la loi de 1793, en changeant le caractère de leur possession, pour profiter de l'attribution de propriété que leur offrait cette loi. Elles sont donc restées, pendant ce délai fatal de cinq ans, ce qu'elles ont toujours été, simplement usagères, possédant à titre précaire, et conservant éternellement, par cette possession même, le droit impérissable des vrais propriétaires.

La jurisprudence n'a jamais hésité à décider que la prescription spéciale de cinq ans devait être appliquée aux communes qui, depuis 1793, n'avaient possédé les terres vaines et vagues que comme usagères, en vertu de leurs anciens titres.

C'est ce qu'a jugé la Cour d'Orléans, par l'arrêt du 18 mars 1839, dont nous avons cité plus haut le considérant, et contre lequel la Cour de cassation n'a pas admis le pourvoi.

La Cour de Paris s'est prononcée de la manière suivante dans un arrêt du 15 mars 1845, *comm. de Bayge et de Villevenard—C. le baron de Bayge* :

« Considérant que les faits articulés ne tendraient pas à établir que, soit
« avant 1789, soit dans les cinq ans de la publication de la loi des 28 août—14
« septembre 1792, soit depuis cette époque, les communes de Bayge et de Vil-
« levenard auraient joui à titre de propriétaires des terrains dont il s'agit ; que
« ces faits ne constitueraient qu'une possession à titre d'usagers et conformé-
« ment aux anciens titres ; qu'ainsi la possession des communes n'aurait pu
« se rattacher à un titre nouveau, à l'attribution de propriété conférée aux
« communes par la loi du 10 juin 1793 ; que dès lors les faits articulés ne sont
« ni pertinents, ni admissibles ;

« Adoptant, au surplus, les motifs des premiers juges ;

« Sans s'arrêter aux faits articulés ;

« Confirme. »

*(Gazette des Tribunaux*, du 23 mai 1845.)

La Cour de cassation a jugé de même par un arrêt du 12 novembre 1844,—*comm. de la Roque d'Authrun C. de Cordoue* (Sirey, 1844-1-830).

Enfin, cette jurisprudence a été confirmée par un arrêt qui casse un arrêt d'Aix, après délibération en chambre du conseil, rendu le 7 décembre 1852,—*Leblanc de Castillon C. commune de Maussane* (Sirey, 1853-1-443).

« Attendu qu'il résulte, en fait, de l'arrêt attaqué que les com-
« munes défenderesses jouissaient, à l'époque de la promulgation
« des lois de 1792 et 1793, à titre d'usagères, des terrains litigieux
« dont il s'agit ;—Attendu que les lois des 28 août 1792 et 10 juin

« 1793 n'ont pas interverti *de plein droit* le caractère de la posses-
« sion des communes ; que celles-ci ne pouvaient obtenir la propriété
« des terrains dont elles n'avaient qu'une jouissance précaire qu'à
« la charge par elles de former leur action en revendication dans le
« délai déterminé par la loi ;—Attendu que l'arrêt attaqué ne déclare
« pas que la possession des communes ait été matériellement diffé-
« rente, après les lois de 1792 et 1793, de celle qu'elles avaient
« auparavant ; qu'il attribue, au contraire, à ces lois d'avoir *de*
« *plein droit* changé leur possession, de précaire qu'elle était,
« en une possession *à titre de propriétaires;* — Attendu qu'en
« statuant ainsi, et en rejetant la fin de non-recevoir opposée par
« les héritiers de Castillon aux communes de Maussane, de Mou-
« riès et de Paradou, l'arrêt attaqué a expressément violé l'article
« précité ;

«    Casse, etc. »

On peut encore consulter, dans le même sens, un arrêt de la Cour
de Nîmes, du 21 novembre 1822, contre lequel le pourvoi a été rejeté le 26 juin 1826,—(Sirey, *Coll. nouv.*, t. 8, p. 372.)

Un arrêt de la Cour de cassation, du 1<sup>er</sup> juillet 1839 (*Lamey C.
comm de Ste-Magne*), ne contredit pas ces principes. Il juge que la
déchéance de cinq ans ne peut être opposée aux communes qui ne
réclament que de simples droits d'usages dont elles étaient en possession en 1793, ce qui n'est pas notre espèce (Sirey, 1839-1-649).

On ne saurait non plus se faire une arme d'un arrêt de la Cour
de cassation du 31 décembre 1839 (*comm. de Moussolens C. de
Furnes*). Cet arrêt décide que la possession d'un terrain par des
communes, et à titre de propriétaire, avec accompagnement de faits
indiquant que les communes ont entendu répudier leur ancienne
qualité d'usagères, a pu les relever de la déchéance résultant du délai
de cinq ans.—En fait, nous mettons les communes intimées au défi
de produire aucun acte, de 1793 à 1799, qui montre un changement dans la nature et le caractère de leur ancienne possession.

**73.** S'il est vrai que, d'après tous les titres, tous les documents et toutes les analogies produites dans cette cause, les représentants de la famille de Brancas ont autrefois possédé un droit de propriété sur les marais de Deauville et de Tourgéville, et que, par suite, ces communes n'aient jamais eu que des droits d'usages ;— s'il est vrai que ce droit de propriété n'ait pu s'éteindre ni devant la possession toujours précaire des habitants, ni par l'effet des lois de 1792 et 1793 ; — s'il est vrai enfin que ce droit de propriété, toujours persistant, n'a été ni abandonné ni aliéné par Mesdames de Frohen et de Schoën, elles peuvent aujourd'hui demander *le cantonnement* contre les communes usagères; il faut que leur propriété, si longtemps et si injustement contestée, revive enfin par un partage légal qui fixe à jamais le droit de chacun, *ne proprietas domino inutilis reddatur.* Le droit de demander le cantonnement, introduit pendant le XVIII<sup>e</sup> siècle, a été consacré par la loi des 20-27 septembre 1790, et n'a reçu aucune atteinte par l'art. 64 du Code forestier ( Curasson sur Proudhon, *Droits d'Usage,* n° 1025 ; M. Meaume, *Comment. du Code forestier,* n° 521 et suiv.) C'est ce qu'a jugé la Cour de Rouen, par arrêt du 14 août 1845 (Sirey, 1846-2-129) (1).

**74.** Quelle sera, dans ce partage, la mesure des droits respectifs des propriétaires qui cesseront d'être grevés d'une servitude, et des usagers qui deviendront propriétaires ? C'est là un point qui n'est

(1) Cet arrêt de la Cour de Rouen juge une autre question sur laquelle nous avons insisté, p. 99 et s. ; c'est que des redevances étaient en Normandie le signe d'un simple droit d'usage, et qu'elles ont pu être abolies par les lois de la Révolution, comme féodales, sans que le droit d'usage ait changé de nature, ait augmenté ou diminué.—Cet arrêt décide encore que le cantonnement peut être demandé, quoique les droits et les besoins d'usager absorbent la totalité des produits du fond.

réglé par aucune loi et qui est laissé à l'arbitraire éclairé des tribunaux. Selon Merlin, on ne saurait porter le cantonnement audelà du tiers du fonds usager (*Rép.*, v. *Usage*), et le plus grand nombre des arrêts est loin d'accorder cette étendue de terrain aux usagers. Le cantonnement doit enlever à l'usager la plus grande partie des produits annuels de l'usage, en compensation du droit de propriété qu'il acquiert sur la portion du sol qui lui est assigné ; l'usager perd en étendue ce qu'il gagne en solidité. Après la conversion du droit d'usage, les besoins de l'usager seront loin d'être aussi pleinement satisfaits qu'auparavant. Telle est la doctrine émise par Merlin, *Questions de droit*, v. *Interprétation de jugement*, § 1ᵉʳ ; Curasson sur Proudhon, *Droits d'usages*, t. 2, nᵒ 689, et M. Meaume, *Comment. du Code forestier*, t. 1, nᵒ 431. La jurisprudence est conforme à cette opinion.—V. Cass., 7 août 1835 (Sirey, 1833-1-726) ; —Cass., 15 janvier 1835 (Sirey, 1835, 1-766) ; — Cass., 1ᵉʳ décembre 1835 (Sirey, 1836-1-102).

Les tribunaux peuvent déterminer par eux-mêmes, sans expertise préalable, l'étendue du cantonnement. C'est ce qui a été jugé par la Cour de cassation, le 23 mai 1832 (Sirey, 1832-1-600).

Deux arrêts tout récents, l'un de la Cour d'Orléans, du 6 décembre 1851, l'autre de la Cour de Toulouse, du 11 avril 1853, décident, avec grande raison, que dans le cantonnement des droits d'usages, l'usager ne peut exiger rien de plus qu'une portion de terrain d'une valeur vénale représentant un capital qui, placé au taux de l'intérêt légal, produirait des revenus égaux à l'émolument annuel du droit d'usage. (Sirey, 1853-2-433.)

Nous croyons que la Cour ferait bonne et exacte justice en fixant dès à présent la part de communes au QUART en pleine propriété des terres sur lesquelles elles exercent leur droit d'usage ; et ce quart serait bien au-dessus de ce qu'ont accordé les deux arrêts d'Orléans et de Toulouse.

Du reste, sur ce dernier point, les Appelants attendent avec une respectueuse confiance la décision de la Cour, soit qu'elle statue elle-même, d'après les documents de la cause, soit qu'elle croie devoir recourir à une expertise.

Ils espèrent que l'heure de la justice va sonner pour eux, et qu'après quinze ans de contestations, leur droit inviolable de propriété, transmis à travers les siècles et demeuré sans atteinte au milieu des révolutions et des lois qui se sont succédé, va enfin recevoir une réparation éclatante et une consécration solennelle.

M. le comte et Mᵐᵉ la comtesse de Frohen, cette dernière en sa qualité de seule héritière, mais sous bénéfice d'inventaire, de M. le duc Buphile de Brancas, son père, concluent par Mᵉ Davy, leur avoué,

A ce qu'il plaise à la Cour, M. l'Avocat général entendu :

*Réformer le jugement rendu par le Tribunal civil de Pont-l'Evêque, le 10 novembre 1853 ; quoi faisant, dire que mesdames de Frohen et de Schoën sont propriétaires des terrains connus sous le nom des marais, dunes et garennes de Deauville et de Tour-géville, consistant en une grande pièce de terre d'un seul ensemble, comme il est établi au plan annexé au présent Mémoire* (1), *située sur le territoire des communes de Deauville et de Tourgéville, bornée à l'ouest par une pièce nommée le Bas-Simon, au sud-ouest par plusieurs pièces appartenant à Jacques Dubosc,*

(1) Voir le plan des marais, dunes et garennes de Deauville et de Tourgéville, dont *l'usage fut aumôné* aux habitants de ces communes par les auteurs des héritiers de Brancas, conformément aux titres de 1498, 1530, 1575 et suivants.

*au sud par une pièce appartenant au sieur Quesnel, une autre au sieur Saucisse, et par la ferme de la Petite garenne appartenant aux héritiers Auger ; au sud-est par une pièce appartenant au sieur Lebourgeois, et par plusieurs appartenant au sieur Saucisse ; du nord à l'ouest par la mer ; et enfin, dans des directions diverses, la commune de St-Arnoult, le chemin qui part du port de Trouville à Dives, et qui vient par le lieu des Champs aux marais, et sur plusieurs points par la rivière de Touques ;*

*Dire à tort la prétention des communes de Deauville et de Tourgéville d'être déclarées propriétaires de ces dunes et marais ;*

*Accorder acte aux Concluants de ce qu'ils reconnaissent que des titres produits aux procès, il résulte que des droits d'usage ont été concédés par leurs auteurs aux habitants des communes de Deauville et de Tourgéville sur les garennes, dunes et marais ;*

*Dire que les communes seront cantonnées sur lesdits terrains, et que leurs droits d'usage seront convertis en la propriété pleine et entière du quart des garennes, dunes et marais ; le surplus demeurant franc et quitte de toutes charges et servitudes entre les mains des Appelants ;*

*Condamner les Intimés aux dépens des causes principale et d'appel ;*

*Ordonner la restitution de l'amende.*

Caen, le 1<sup>er</sup> février 1855.

*Signé* : LE COMTE ET LA COMTESSE DE **FROHEN**.

M<sup>e</sup> GEORGE BESNARD, avocat écrivant.

M<sup>e</sup> THOMINE aîné, avocat plaidant.

M<sup>e</sup> DAVY, avoué.

# TABLE DES MATIÈRES.

## Faits.



## Discussion.

99.—Caen. imp. B. de Laporte et C°.

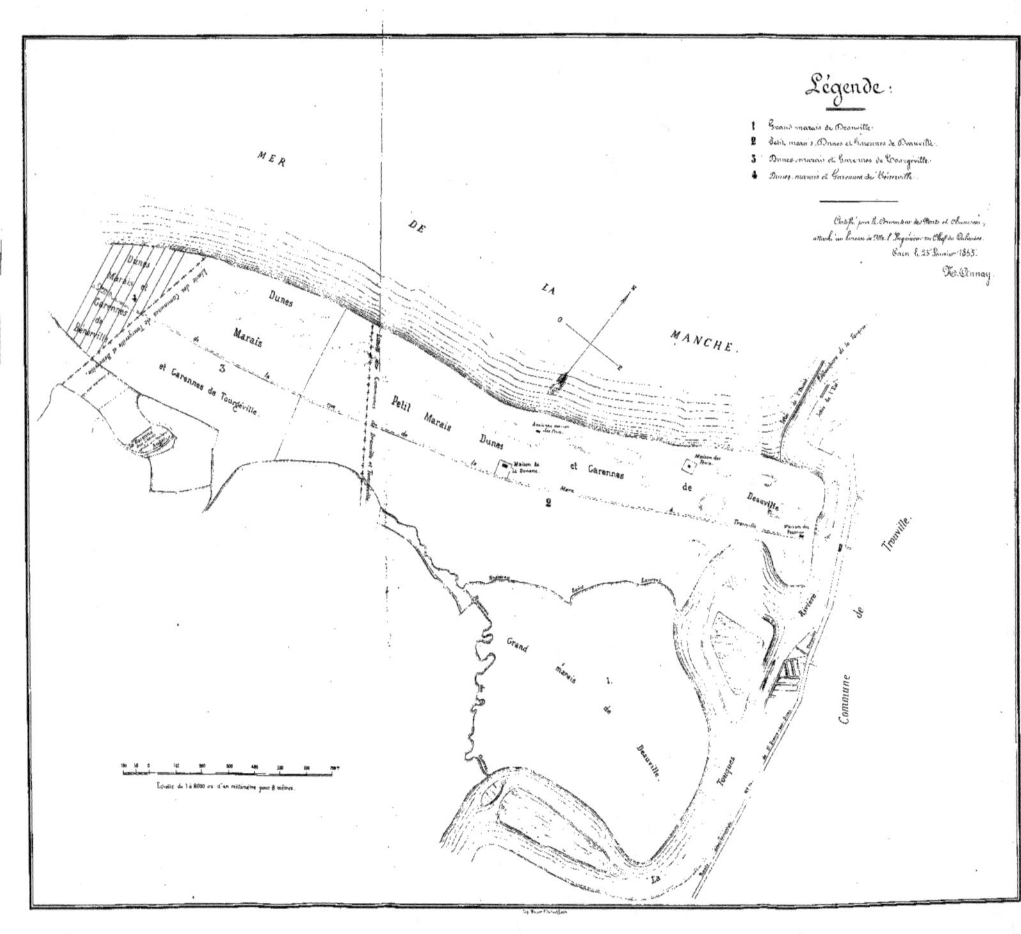

Légende :
1  Grand marais de Deauville.
2  Petit marais, Dunes et Garennes de Deauville.
3  Dunes, marais et Garennes de Tourgéville.
4  Dunes, marais et Garennes de Bénerville.

Certifié par l'Inspecteur des Ponts et Chaussées,
attaché au bureau de Mr l'Ingénieur en Chef des Polders.
Caen le 25 Janvier 1855.
Annay.

MER
DE
LA
MANCHE.

Dunes
Marais et
Garennes
de
Bénerville

Dunes
Marais
et Garennes de Tourgéville.
3

Petit Marais Dunes et Garennes de Deauville
2

Maison de la Bonace

Grand
marais
de
Deauville.
1.

Commune de Trouville

La Touques



Échelle de 1 à 8000 ou d'un millimètre pour 8 mètres.